ZHONGGUO HUANXING ZHIDU JI
SIFA SHIJIAN

中国缓刑制度及司法实践

魏　玲　著

经济日报出版社

图书在版编目（CIP）数据

中国缓刑制度及司法实践／魏玲著．--北京：经济日报出版社，2021.11

ISBN 978-7-5196-0967-2

Ⅰ．①中… Ⅱ．①魏… Ⅲ．①缓刑-研究-中国 Ⅳ．①D924.134

中国版本图书馆CIP数据核字（2021）第211748号

中国缓刑制度及司法实践

作　者	魏　玲
责任编辑	陈　悦
责任校对	韩　展
出版发行	经济日报出版社
地　址	北京市西城区白纸坊东街2号A座综合楼710（邮政编码：100054）
电　话	010-63567684（总编室）
	010-63584556（财经编辑部）
	010-63567687（企业与企业家史编辑部）
	010-63567683（经济与管理学术编辑部）
	010-63538621　63567692（发行部）
网　址	www.edpbook.com.cn
E-mail	edpbook@126.com
经　销	全国新华书店
印　刷	北京九州迅驰传媒文化有限公司
开　本	710 mm×1000 mm　1/16
印　张	9
字　数	131千字
版　次	2021年11月第1版
印　次	2021年11月第1次印刷
书　号	ISBN 978-7-5196-0967-2
定　价	48.00元

目　录

CONTENTS

导　论

本书研究的对象是“中国缓刑制度及司法实践”。之所以专门研究这一课题，源于近年来刑罚轻缓化的呼声日益高涨，很多司法工作者和学者开始反思重刑主义是否能更好地治理国家、威慑犯罪、保障人权，答案显然是否定的。作为刑法体系的重中之重——刑罚，轻者能剥夺财产权利、限制人身自由，重者能剥夺人的生命。在国家层面，刑罚是维护政权、阶级利益的手段；在民众层面，刑罚是令人畏惧的暴力工具；在社会层面，一个成熟的法治社会并不需要残酷的极刑来维持社会的稳定，刑罚轻缓化是法治社会发展的需要；在立法和司法层面，虽然规定了管制、拘役和缓刑等较为轻缓的刑罚方式，但由于适用和执行不到位，没有真正发挥效用，需要不断研究、探索，真正实现司法实践的刑罚轻缓化。

作为刑罚轻缓化的关键——缓刑，有着其不可比拟和独一无二的价值，具有研究的重大意义，本书从以下五个章节进行探讨：

第一章介绍了缓刑和缓刑制度。在缓刑的类型一节里，结合国外的缓刑制度，主要阐述了缓起诉的缓刑、缓宣告的缓刑、缓执行的缓刑这三种类型，我国适用的是“缓执行”的缓刑制度，但近年来“缓起诉”的缓刑制度在我国也有一定程度的探索；缓刑的定义参考了世界范围内三种主要缓刑制度的特点，从而得出“缓刑是有条件地不执行所判决的刑罚，缓刑考验期满，原判的刑罚不再执行”的结论；关于缓刑的法律性质，本书赞同“缓刑作为刑事责任实现的一种方式，系介于刑罚措施与非刑罚措施的‘中间措施’”这一观点。

关于缓刑的价值，学者们众说纷纭。本书认为，缓刑的价值包括“避免短期自由刑的弊端”“促使罪犯再社会化”“经济原则”三个方面。既有价值，必有局限性。缓刑的局限性在于一定程度上削弱了正义、弱化了社会秩序且适用范围有限。

第二章分析了缓刑适用的条件，从三个方面即：形式要件、实质要件及排除条件进行论述。就缓刑适用的形式要件而言，有罪种和刑种两方面，我国缓刑适用没有限制前者，只限制了后者；在研究缓刑适用的实质要件时，本书介绍了世界各国缓刑适用实质条件立法的三种情形，并深入分析了我国刑法缓刑适用的四个实质要件：犯罪情节较轻、有悔罪表现、没有再犯罪的危险、宣告缓刑对所居住社区没有重大不良影响。另外，还重点论述了“被害人因素”在缓刑适用中的作用。

第三章考察了我国缓刑适用的司法现状，分为缓刑的裁量和执行。根据大量数据及案例分析可以看出，我国缓刑裁量存在较多现实问题，如法官在决定是否适用缓刑时有若干“隐形标准”，不同地区不同法院的缓刑适用“不太均衡”，法官自由裁量权过大等导致的缓刑适用“不太确定”；缓刑的执行以2020年7月正式实施的《中华人民共和国社区矫正法》（以下简称《社区矫正法》）为节点，之后的执行有了很大变化，无论是从执行主体、程序、方式，还是内容等方面，都有了更规范、更具操作性的制度。

第四章研究了我国司法实践中缓刑适用的疑难问题。缓刑适用的罪种条件既然不加限制，那是否所有罪名均可适用？数罪并罚如何适用缓刑、严重暴力犯罪是否有适用缓刑的可能、司法实践中被诟病的缓刑适用率高的某些罪名是否罚当其罪等等，均是不容忽视的问题；缓刑适用的四个实质要件在第二章中已分析过，在此章单列出来继续讨论，是结合司法实践中出现的案例来具体研究，如以“情节严重”为成立条件的犯罪，与实质要件中的“犯罪情节较轻”有无冲突；近几年检察机关推行的认罪认罚从宽制度中，被告人不认罪能否适用缓刑；刑事政策也影响着缓刑的适用，司法工作人员应在法律制度框架内执行国家的大政方针，同时充分考虑刑事政策的导向作用。

第五章探讨了我国缓刑适用完善之路径，从立法完善、程序保障、适用与执行的司法实践来全面阐述。

在立法方面，由于缓刑适用实质要件的抽象化，限制了缓刑适用率的提升，很多司法工作者难以判断缓刑适用的具体标准，往往凭经验适用或不适用，容易导致缓刑适用的不规范。可以扩大缓刑适用的范围，比如将“聋哑盲”特殊被告人纳入主体范围、将“罚金刑”纳入缓刑制度范围；创新缓刑适用和执行方式上，可以充实禁止令的内容、确立缓刑犯罪分子前科消灭制度，缓刑执行时附加公益劳动、社区服务等。

在缓刑适用的程序保障上，主要是完善审前社会调查评估制度与建立缓刑听证制度。这两类制度能在一定程度上保障公众对缓刑的参与、接纳与支持，从而达到缓刑适用的最佳效果。

在缓刑适用与执行的司法实践中，缓刑适用率偏低的重要原因之一是司法工作人员的刑罚理念没有与时俱进。比如法官适用缓刑的意识淡化、受传统重刑主义思想影响、被社会舆论左右等，因此亟需更新司法理念。另外，畅通缓刑适用的程序，如简化内部审批程序也能提高法官适用缓刑的积极性。在缓刑执行的司法实践中，本书结合 2020 年 7 月实施的《社区矫正法》，认为社区矫正机构要独立化，社区矫正人员要正规化、专业化、职业化。另外，执行衔接的规范化与执行监督的常态化也是缓刑执行的重要组成部分。

第一章　缓刑和缓刑制度概论

缓刑制度是为避免短期自由刑的弊端而发展起来的一种替代性刑罚执行方法。自由刑在本质上有无法克服的缺陷，尤其是短期自由刑。我国台湾学者林山田认为："它虽然短得不足以使受刑人变好，但却长得足以使受刑人变坏，短期自由刑一方面欠缺刑罚矫治功能，另一方面却给尚未被监狱负面效果感染的人提供了一次感染机会。"① 因此，许多国家的刑罚有逐渐减少使用自由刑，而使用罚金刑替代的趋势，特别是6个月以下的短期自由刑适用率较低。缓刑消除了短期自由刑带来的与社会隔绝、重返社会困难、罪犯间交叉感染等弊端，体现了刑罚的个别化原则，并最大限度地发挥了刑罚的惩罚功能，因此受到许多国家的重视。

缓刑制度的出现不仅仅是为了避免短期自由刑的弊端，也是罪刑相适应原则和刑罚人道原则的体现。但是，我国司法实践中适用缓刑的比例偏低，这与我国"审前羁押率"居高不下、捕后判处"轻缓刑"考核指标、司法人员传统的执法理念等均存在较大关系。随着我国经济和社会发展，刑事犯罪结构也发生了重大变化，暴力犯、"自然犯"② 等大幅下降，且以认罪认罚从宽制度为代表的中国特色社会主义司法制度不断完善，"少捕、慎押、慎诉"等现代司法理念深入人心，我国不少学者和司法工作者开始研究"审前羁押必要性"这一课题，呼吁确立"以非羁押为原则，羁押为例外"的刑事诉讼强制措施适用原则。这些理念和实务操作必将推动我国的缓刑适用率进一步提高。

从世界范围来看，缓刑适用条件逐渐放宽、缓刑适用率日益提升。例如，

---

① 林山田：《刑法总论》，台湾三民书局1993年第4版，第552页。

② 笔者注："自然犯"是刑法理论的一个基本分类，与"法定犯"相对。学者张明楷在其著作《刑法学》中的观点认为，对于自然犯与法定犯基本上可以从与伦理道德的关系上进行区分，即自然犯是指在侵害或者威胁法益的同时明显违反伦理道德的传统型犯罪，如强奸、杀人、放火等。法定犯是指侵害或者威胁法益但没有明显违反伦理道德的现代型犯罪。

德国对于1年以下的自由刑，通常可以宣告缓刑；如果有特殊情况，对于1年以上2年以下的自由刑，也可以宣告缓刑。“根据成年刑法，在被判处自由刑的全部案件中，有2/3宣告附有保护观察的缓刑。”① 日本也秉持了相似的刑罚理念，2010年，日本的地方裁判所、简易裁判所宣告的3年以下惩役或者禁锢刑中，宣告缓刑的比例为63.2%。另外，即使是故意杀人罪，被宣告缓刑的比率也相当高，日本的地方裁判所在2012年共审理故意杀人犯355人，其中328人被判处有期徒刑，而这有期徒刑中有80人被宣告缓刑，占有期徒刑的24.4%。日本还从立法上扩大缓刑适用范围，早在2004年，日本就将强盗致伤罪的法定刑由“无期或者7年以上惩役”改为“无期或者6年以上惩役”，就是为了使该罪名的缓刑适用成为可能。②

因此，缓刑制度被认为是近代刑法中最富有促进机能的刑罚制度之一，在各国的刑罚体系中占有重要地位。

第一节　缓刑的类型、定义和法律属性

一、缓刑的类型

我国刑法中规定的缓刑包括一般缓刑和战时缓刑。我国《刑法》第72条第1款规定：“对于被判处拘役、三年以下有期徒刑的犯罪分子，同时符合下列条件的，可以宣告缓刑，对其中不满十八周岁的人、怀孕的妇女和已满七十五周岁的人，应当宣告缓刑。”可见，我国刑法中的一般缓刑是缓执行且保留犯罪记录的一种刑罚执行方式。另外，我国《刑法》第449条规定：“在战时，对被判处三年以下有期徒刑没有现实危险宣告缓刑的犯罪军人，允许其戴罪立功，确有立功表现时，可以撤销原判刑罚，不以犯罪论处。”可见，我国的战时缓刑属于缓执行且导致刑事责任消灭的缓刑。刑事责任的消

---

① 张明楷：《应当提高缓刑的适用率》，中华人民共和国最高人民检察院（spp.gov.cn），2015年6月4日。

② 张明楷：《应当提高缓刑的适用率》，中华人民共和国最高人民检察院（spp.gov.cn），2015年6月4日。

灭是指不仅犯罪人所承担的刑事责任不再被追究，而且不认为行为人犯过罪，这是我国刑法中唯一规定的刑事责任消灭的法定理由。鉴于篇幅所限及适用范围的普遍性，本书只研究一般缓刑。

有学者根据“刑”从产生到结束的各个阶段，将缓刑区分为六种：缓起诉的缓刑、缓定罪的缓刑、缓裁量的缓刑、缓宣告的缓刑、缓执行的缓刑、缓余刑的缓刑。[①]世界各国刑法对缓刑的规定不一，这与国情现状、立法技术和立法理念等均有关系，大体而言，缓刑有以下基本类型：

（一）缓起诉缓刑

缓起诉缓刑，又称“附条件不起诉”“暂缓起诉”“起诉犹豫主义”，是指检察机关对于轻微犯罪的案件，综合考量并经过一定程序，在一定期间内有条件地缓予起诉的制度。世界各国做法不一，但其内涵和实质相对一致，从国外的立法看，可以作不起诉处理案件的适用范围不断扩大。

德国的附条件不起诉以“起诉便宜主义”[②]为基础，体现了检察机关的自由裁量权，属于不起诉的一种形式。德国从1877年刑事诉讼法遵循的纯粹起诉法定主义原则，到1923年对未成年人可以决定适用附条件不起诉，再到1924年规定在处理轻罪案件时，经管辖法院同意，检察院可以免于刑事追诉，这一系列的变化跟德国社会犯罪率不断增长、犯罪行为日趋复杂化、新型化以及司法资源供需矛盾有关。德国的刑事司法逐渐吸收了“起诉便宜主义”原则的内容，检察官享有一定自由裁量的权力，可以根据案件的具体情况决定是否提起诉讼、是否追究犯罪。自此以后，起诉法定主义原则“越来越被起诉裁量原则所突破”。[③]德国司法实践中，附条件不起诉的适用范围日益扩大，尤其是在针对经济、税收犯罪和青少年犯罪的刑事诉讼中，附条件不起诉的情形已经超出了“轻罪”的条件限制，延伸到中等严重程度的犯罪案件。德国刑事诉讼法第153条a规定的对于经负责审理的管辖法院和被告人同意的轻罪，检察机关可以暂时对其不予提起公诉；已经起诉的，管辖法院可以

① 冯全：《中国缓刑制度研究》，中国政法大学出版社2009年版，第1页。

② 笔者注：“起诉便宜主义”，是指检察机关对于构成犯罪、具备起诉条件的案件，可以斟酌决定是否起诉的原则。

③ 李昌轲译：《德国刑事诉讼法典》，中国政法大学出版社1995年版，“中译本引言”。

在诉讼程序中的任何时候暂时停止该程序，但暂停程序的决定应在审判终结前作出。同时要求被告人履行下列义务：1. 给付国库或公益团体一定数目的金钱；2. 对被害人做出损害赔偿；3. 承担一定数目的赡养费用；4. 做出其它公益性的给付。同时检察机关对被告人规定了相应的考察期限，前三项至多确定六个月的期限，第四项至多确定一年的期限。如果被告人不履行这些义务，还要作为轻罪继续追究，已经给付、赔偿或承担的费用不予退还。①

美国的缓起诉制度起源于20世纪30年代缓刑考察官Printzlien设计的“布鲁克林计划”。当时美国联邦的司法制度中，少年偶犯与惯犯都处于羁押状态，并被同样对待，这些少年犯在漫长的刑事诉讼程序中，交叉感染现象非常严重，很多偶犯变成了惯犯。缓刑考察官Printzlien建议在法庭审理之前对那些偶犯的少年分流处理，根据起诉前的社会调查，如有无犯罪记录、家庭关系是否稳定等，如果在一定时间段内犯罪嫌疑人表现良好，则先不指控该犯罪嫌疑人，期满时案件终结，反之则继续原来的指控。这一对少年犯缓起诉的做法首先在纽约市布鲁克林区实施，并命名为“布鲁克林计划”。根据该计划，1936年到1946年，布鲁克林地区有250名左右未成年犯罪嫌疑人被缓起诉，只有两人因为违反约定条件被起诉。“布鲁克林计划”的成功大大增强了司法人员对缓起诉制度的信心，使得缓起诉制度在美国被正式确立。②20世纪60年代，缓起诉的适用范围扩大至青少年犯罪、毒品犯罪。20世纪90年代，缓起诉的适用范围扩展到了公司犯罪领域。跟德国一样，美国的缓起诉也是需要犯罪嫌疑人履行一系列义务，如接受戒毒治疗、参加工作培训、提供社区服务、补偿被害人等，如果犯罪嫌疑人履行了上述义务，检察官就不再起诉；反之，则恢复刑事诉讼程序。③

在日本，司法实践的客观需要促成了“起诉犹豫制度”的产生。明治初期的犯罪率逐年上升，各种监管场所超负荷运转、人满为患，司法支出也大

---

① 李昌轲译：《德国刑事诉讼法典》，中国政法大学出版社1995年版，“中译本引言”。

② 吴斌、张少会、李芽、杨帆：《未成年人刑事司法保护研究：以未成年犯罪嫌疑人附条件不起诉制度为中心》，西南财经大学出版社2018年版。

③ 孙力：《暂缓起诉制度研究》，中国检察出版社2009年版。

大提高，在整治监狱、管理犯人等方面的费用高达 270 万日元，给政府造成极大的财政负担。[①]但当时日本的缓刑制度未建立，如果犯罪嫌疑人被起诉并被判有罪，必然要被收监并执行刑罚，那么无论是轻罪、偶犯还是重罪、惯犯，在执行过程中的交叉感染不可避免。为减轻财政负担、避免短期自由刑的弊端，同时考虑民众对轻微罪行不要求必须处罚的现实需要，山田显义于明治十八年（1885 年）会同地方长官和法院院长共同研究，确立微罪不检举、不起诉的方针。这就是日本刑事诉讼中“起诉犹豫制度”的最初形态，但直到 1909 年的《刑事统计年报》才单独设置了“起诉犹豫”一项。日本学者就此指出：“起诉犹豫与其说是透过旧刑事诉讼法明文化，倒不如说只不过是对事实上已存在的惯行加以明文化而已”。[②]直到“大浦事件”[③]发生后，日本才在坚持“起诉法定主义”还是“起诉便宜主义”的激烈争论中确立“起诉便宜主义”原则，在该原则指引下，日本于大正十一年（1923 年）全面修订刑事诉讼法，明文规定了“起诉犹豫制度”。日本旧刑事诉讼法（1924 年施行）第 279 条规定：“根据犯人的性格、年龄及境遇，犯罪的情节和犯罪后的情况，认为没有必要追诉时，可以不提起公诉。”自此，“起诉犹豫”作为法律制度被明文化，沿用至今。昭和二十三年（1948 年），日本在修订刑事诉讼法时，为了防止偏重特殊预防的因素，在关于起诉便宜主义的规定中加进了“犯罪的轻重”字句，这就是日本现行刑事诉讼法第 248 条的内容，依据该条规定，检察官“根据犯人的性格、年龄、境遇、犯罪的轻重、情节以及犯罪后的状况，认为没有追究刑事责任之必要时，可以不提起公诉。”此条规定一直被认为是日本刑事诉讼法中最重要的条文之一，这表明法律赋予了检察官对于那些已经构成犯罪的被告人在特定的情况下决定不对其提起诉讼的权力。日本起诉犹豫的范围就是检察官的自由裁量范围，根据现行法律，其范

---

① 〔日〕小川太郎：《刑事政策讲义》第三分册，法政大学出版局 1974 年版，第 32 页。

② 〔日〕土本武司：《日本刑事诉讼法要义》，董璠舆、宋英辉译，台湾五南图书出版公司 1997 年版，第 21 页。

③ 笔者注：1914 年，时任内阁农商大臣的大浦兼武涉嫌行贿犯罪，且事实清楚，却被检察官以不起诉处分，招致舆论抨击，法学界也展开了关于大浦事件的处置与检察官起诉裁量权的激烈争论。

围是一切刑事案件。[①]

中国的缓起诉制度主要指我们常说的“附条件不起诉制度”。不同于国外关于缓起诉的宽广范围，我国严格限制在未成年人犯罪，我国《刑事诉讼法》第282条规定，“对于未成年人涉嫌刑法分则第四章、第五章、第六章规定的犯罪，可能判处一年有期徒刑以下刑罚，符合起诉条件，但有悔罪表现的，人民检察院可以作出附条件不起诉的决定。”附条件不起诉制度配套还设置了考验期、考察内容、作出不起诉决定或提起公诉程序，在此不再赘述。附条件不起诉制度的出台，能够最大限度地挽救、教育未成年人，使他们在轻微“失足”后尽快重归社会，同时也符合诉讼经济、程序分流的目的。

另外，颇具特色的“企业合规不起诉制度”也是近年来我国学者和司法界人士研究的热点，这也是一种事实上的“缓起诉制度”。虽然没有写入法律，但受刑事政策的影响，有些地方检察机关已经开始尝试，必将对我国起诉制度产生深远影响。近年来，民营经济对国家经济的贡献权重加大，国家税务总局增值税发票数据显示，“十三五”时期，民营经济发展迅速。2016–2020年，民营经济销售收入年均增长17.7%，高于全国总体水平1.5个百分点。其中私营企业、个体经营增长较快，年均分别增长22.5%和20%。民营经济的税收贡献也在不断提升，2020年，民营经济缴纳税收占全国税收比重达60.1%，较2015年的51.5%提高8.6个百分点，成为稳定全国税收的重要支撑。[②]2020年新冠肺炎疫情的爆发，严重影响了我国经济特别是民营经济的发展壮大。加强对民营企业的司法保护，优化服务营商环境已经成为社会各界达成的一项共识，也成为我国新时期的一项重要法律政策。在此背景下，有些地方检察机关开始尝试在审查起诉程序中引入企业合规机制，即“企业合规不起诉制度”。所谓“企业合规不起诉制度”，是指检察机关对于涉嫌犯罪但认罪悔罪态度较好的企业及其法定代表人、直接责任人员等，可以责令其针对违法犯罪事实，制定专项合规计划，建立企业合规管理体系，在考察期结束前评估该体系的效

① 宋英辉译：《日本刑事诉讼法》，中国政法大学出版社2000年版。

② 参见《民营经济成为稳定全国税收的重要支撑》，潇湘晨报，2021年3月13日，https://baijiahao.baidu.com/s?id=1694111167695892071&wfr=spider&for=pc

果，然后作出相对不起诉决定的制度。根据企业建立合规体系所依据的程序路径，合规不起诉可分为“检察建议模式”和“附条件不起诉模式”。在前一个模式下，检察机关在对企业作出相对不起诉决定的同时，向其送达检察建议，要求企业在一定期限内建立专项合规体系。而在后一种模式下，检察机关对于提交合规计划的企业，作出暂缓起诉、合规考察或者附条件不起诉的决定，设定一定的考验期，责令其聘请合规监管人，后者对企业合规进展情况进行全流程监管，并定期提交合规进展报告，在考验期结束后，检察机关根据企业合规的推进情况，作出是否提起公诉的决定。目前我国开展企业合规改革探索的检察机关，绝大多数推行的是附条件不起诉模式。① 笔者认为，前一种合规不起诉“检察建议模式”更符合现阶段的法律规定，因为我国的不起诉制度分为法定不起诉、相对不起诉（即酌定不起诉）、存疑不起诉。严格而言，对于符合相对不起诉条件的案件，检察机关履行相关程序即可以直接做出不起诉决定，不需要附加条件，但可以同时发出检察建议要求违法犯罪企业建立合规制度。但是，“附条件不起诉模式”显然更具有实际效果，如同我国明文规定的未成年人附条件不起诉制度，只有设置一定的考验期、一定的附加考察条件，才能起到虽不起诉判刑但实际也能惩戒的效果。由于我国相关法律没有实质调整，检察机关只能在现行法律制度下探索企业合规机制，但缺憾也较多。例如，我国检察机关不享有行政处罚权，作出不起诉决定后没有任何处罚措施；检察机关介入单位犯罪案件的时间比较靠后，往往等到侦查机关或调查机关移送审查起诉后才能接手案件，合规监管程序前移更有利于动态评估企业整改效果。当然，合规不起诉制度改革目前仍在探索阶段，不少检察机关只是发布了相关的改革方案或规范性文件，罕见典型性的合规不起诉案例。但无论如何，检察机关应将是否消除企业管理制度隐患、是否推动企业改变经营模式、是否对防控违法犯罪发挥积极作用等，作为评估合规不起诉制度改革是否取得成功的重要指标。笔者建议：一是应赋予检察机关相应的不起诉处罚权，如罚金等；二是利用行政执法与刑事司法“两法衔接”平台，提前介入企业违法犯罪案件，做

① 陈瑞华：《企业合规不起诉制度研究》，载《中国刑事法杂志》，2021年第1期，第79页。

到早评估、早挽救。

由此可见，国内外的立法经验表明，附条件不起诉的案件适用范围可以根据本国的国情来确定，由窄及宽。我们可以借鉴国外的立法和实践经验，将缓起诉对象范围从未成年人扩大至轻微刑事犯罪，根据犯罪嫌疑人的身份、犯罪类型等来制定不同的不起诉附加条件，比如罚金、赔偿被害人损失、从事义工、参与社会服务等。当然，这个扩大范围的过程应趋于平缓，不可操之过急，以免从一个极端走向另一个极端。

（二）缓宣告缓刑

所谓缓宣告缓刑，也称宣告犹豫或刑罚暂缓宣告，是指对被告人所犯之罪确认后，在一定期限内不予宣告。在考验期内，如果没有发生应当撤销缓刑的法定事由，即不再宣告对其所科刑罚的制度。[①] 缓宣告缓刑，最早由英国法官希尔和美国法官沙伐格尔所倡导，他们倾向于法律的促进、教育机能，认为被告人经过侦查、起诉等各种法治手段，未来还可能面临更长时间的羁押和惩罚，内心已受相当程度的煎熬和折磨，体会到行刑的威严，对偶犯、初犯、轻微犯不判罪或不执行，予以暂缓宣告处分，比暂缓执行更有利于被告人的改造，更有教育意义。[②] 缓宣告缓刑的种类分为以下两种：

1. 暂缓宣告“有罪”的缓宣告缓刑

即法院在确认被告人有罪之后，暂不宣告，而是规定一定的考验期和考察条件，再根据评估效果决定是否宣告其罪名和刑罚的制度。简单地说，这种缓刑涉及到罪与非罪的宣告，有可能导致被告人无罪的结果。被告人在考验期内，如果没有发生特定事由，经评估考察效果合格，就不再宣告其有罪而终结诉讼，被告人被视为未曾犯罪。有学者质疑该做法突破了“罪刑法定”的原则，但笔者认为，该做法事实上与我国检察机关做出的“酌定不起诉”类似，即均导致了轻微犯罪的被告人无罪的结果。“酌定不起诉”有法律的明文规定，因此适用起来不存在障碍。但是，若检察机关将被告人起诉至法院后，法院不可能以“犯罪情节轻微，不需要判处刑罚或免除刑罚”为由暂缓

① 高铭暄、马克昌主编：《刑法学》，北京大学出版社 2000 年版，第 300 页。

② 甘雨沛、何鹏：《外国刑法学》（上册），北京大学出版社 1984 年版，第 555 页。

宣告，待考察期满、评估效果后宣告无罪，而是直接判决无罪。因此，我国目前并没有暂缓宣告有罪的制度和司法实践。

2. 暂缓宣告“刑罚”的缓宣告缓刑

虽然我国法律上还未确立暂缓判决制度，但在司法实务中早已进行了探索性实践。1993 年 12 月 20 日，上海市长宁区人民法院少年法庭试行了第一例未成年被告人暂缓判决案件。对暂缓判决的未成年被告人可适用的刑罚包括有期徒刑、拘役、管制、单处罚金、免刑，可供少年法庭运用的还有宣告缓刑。在实践中，少年法庭的做法是：对考察期表现突出的被告人，处以法定刑以下的刑罚；对经考察，确认不致再危害社会的被告人，果断地适用缓刑；对犯罪情节较轻、暂缓判决考察期表现良好的未成年被告人，谨慎地适用免刑；对于极少数表现不好的暂缓判决被告人，按其原犯罪事实和情节予以判决。上海市长宁区法院从 1993 年至 2000 年被试行暂缓判决的 29 名未成年人中，最后被宣布缓刑的有 15 人，有期徒刑 6 人，拘役 5 人，单处罚金 1 人，免刑 2 人，无一人重新犯罪。[①] 暂缓判决的实践表明，这一制度对教育、挽救失足未成年人，并在维护社会秩序方面是卓有成效的。此后，北京、广州、河南、安徽、黑龙江等地法院也针对未成年人轻微犯罪案件暂缓判决进行了有益的尝试。尽管司法实践中对未成年人犯罪暂缓判决的探索已经走过 20 多年，但时至今日，该制度并未在全国推广。究其原因还是在于该制度没有法律的支持或授权，法院内部也只是各自进行尝试，在具体操作中存在较多问题，如没有确立统一标准，随意性较大，且暂缓判决的范围、条件难以把握。

我国司法实践中的暂缓判决都只是影响刑罚的暂缓判决，并不对定罪产生影响，事实上因为适用的均是未成年人轻微犯罪，因此对刑罚影响也不大，这其实并没有最大限度地发挥出审判权的自由裁量作用。当然，在我国刑法严格“罪刑法定原则”的要求下，法官能否在未成年人已经构成犯罪的情形下，设置一定的考验期和考察条件，评估效果后宣告无罪，尚是一个值得思考的问题。

---

① 陈建明：《未成年被告人暂缓判决的实践与思考》，载《青少年犯罪问题》，2002 年第 2 期。

另外，我国适用暂缓判决的主体比较单一，跟前述缓起诉制度一样，仅仅适用于未成年人（有法院扩大至在校大学生，如山东青岛法院于2008年对两名涉嫌抢劫犯罪的准大学生被告人作出暂缓宣告的决定[①]），没有将老年人、怀孕的妇女、残疾人等特殊主体或成年人的轻微犯罪纳入适用范围。

（三）缓执行缓刑

缓执行缓刑又称执行犹豫，是指对被告人定罪量刑后予以宣告，在一定考验期间内暂不执行所判刑罚，如果在这个考验期间内犯罪人遵守一定条件，考验期满，则原判刑罚不再执行。其特点是既判处一定刑罚，又暂不执行，但在一定期间保留执行的可能。欧州大陆在吸纳了英美宣告犹豫制度的基础上又有所发展，即不是实行宣告犹豫，而是实行缓刑。法院经过审判确定行为构罪后，作有罪宣告并宣告刑罚，但有条件地不执行刑罚。最先将缓刑立法化的是比利时，其于1888年制定了《关于假释与附条件有罪判决的法律》，随后，法国于1891年制定的《缓刑法》也规定了缓刑制度。[②]我国目前刑法理论和司法实践所称的“缓刑”即指缓执行缓刑，也是本书研究的对象，将在后续详细展开论述。

二、缓刑的定义

从前述关于缓刑的类型可以看出，各国刑事法律对缓刑的规定是各式各样的，缓刑没有统一、标准的定义。为了准确把握缓刑的实质和内涵，我们先分析世界范围内适用的三种主要缓刑制度的特点：一是限定了刑种、刑期，主要是在轻罪、轻刑范围内适用；二是规定了缓刑期，多数国家规定在二年至五年，有的国家规定为原判刑期以上并有最高期限和最低期限；三是规定了撤销缓刑的条款。有的国家规定在缓刑期间再犯新罪当然撤销缓刑，有的国家规定新罪须判处特定刑罚才撤销缓刑，有的国家规定未遵守考察期间要求的事项即撤销缓刑；四是规定了缓刑的法律后果。主要有两种，一种

① 搜狐网：《两名准大学生抢劫被公诉 法院缓判考察三个月》，http://news.sohu.com/20080411/n256225566.shtml，2008年04月11日。

② 张明楷：《外国刑法纲要》（第二版），清华大学出版社2007年版，第417页。

是附条件的有罪判决主义。如果行为人在考验期间内，没有发生应撤销缓刑的事由，有罪判决本身失效。法国、比利时采取这种方式，因此被称为“法国·比利时型”。另一种方式是附条件的赦免主义，行为人在考验期间内，没有发生应撤销缓刑的事由，原宣告的刑罚不再执行或被视为执行完毕。德国、挪威于19世纪末、20世纪初采取这一方式，因此被称为“德国·挪威型”。日本于1908年以前采取附条件的赦免主义，1908年以后采取附条件的有罪判决主义。[①]

因此，缓刑是指对于罪行和刑罚较轻的犯罪分子，附条件地暂不起诉、暂不宣告有罪或暂不执行刑罚，在一定期间内，由特定机构和人员对其监督考察的一种非监禁刑事法律制度。我国《刑法》第七十二条、第七十六条规定，“对于被判处拘役、三年以下有期徒刑的犯罪分子，同时符合下列条件的，可以宣告缓刑，对其中不满十八周岁的人、怀孕的妇女和已满七十五周岁的人，应当宣告缓刑”“对宣告缓刑的犯罪分子，在缓刑考验期限内，依法实行社区矫正，如果没有本法第七十七条规定的情形，缓刑考验期满，原判的刑罚就不再执行，并公开予以宣告。”缓刑不是独立的刑种，从刑罚裁量意义上说，缓刑是量刑制度；从刑罚执行意义上说，缓刑属于刑罚的执行制度。因此，我国刑法关于缓刑的定义是，对经法院审理确认已构成犯罪、应受刑罚处罚的犯罪分子，先行宣告罪名和刑罚，但暂不执行，待考验期满后，未发生应当撤销缓刑的法定事由，则原判刑罚不再执行的一种制度。简言之，缓刑是对犯罪分子有条件地不执行所判决的刑罚，待缓刑考验期满，原判刑罚不再执行。

三、缓刑的法律性质

关于缓刑的法律性质，刑法学界有不同的看法，主要有以下几种观点：刑罚裁量制度说[②]、刑罚执行制度说[③]、刑罚裁量兼刑罚执行制度说[④]、有条件赦

① 张明楷：《外国刑法纲要》（第二版），清华大学出版社2007年版，第417页。

② 赵秉志主编：《刑法总论》，中国人民大学出版社2007年版，第476页。

③ 段仁元、郝如建：《我国缓刑制度的几个问题》，载《江苏公安专科学校》，2001年第2期。

④ 张明楷：《刑法学》（上）（第五版），法律出版社2016年版，第613页。

免说[①]、独立刑种说[②]、刑罚消灭说[③]，其中第三种学说即刑罚裁量兼刑罚执行制度说支持者众多。以上观点各有优劣，不一一阐述，笔者赞同“缓刑作为刑事责任实现的一种方式，系介于刑罚措施与非刑罚措施的‘中间措施’”[④]这一观点。

首先，缓刑是刑事责任的一种实现方式。没有责任就不成立犯罪，反之亦然，构成犯罪必然承担刑事责任，但刑罚的量不能超出责任的程度，这就是通常所称的“责任主义”。刑罚以是痛苦为本质内容的，但单纯的痛苦并不是刑罚的目的。法院通过宣告刑罚，将对犯罪分子行为无价值的评价传达给犯罪分子与社会公众，从而抑制未然的犯罪。法院对犯罪分子宣告罪名、刑罚以及缓刑考验期间所应遵守的规则、履行的义务，即已使犯罪分子心理上产生了对刑罚的畏惧，已实现法院依照刑事法律对其犯罪行为及其本人所作的否定性评价和谴责，且这一整套考察措施是与犯罪人的社会危害性和人身危险性相适应的，是因其犯罪而导致的后果，也是预防其不再犯罪所必要的措施。如果犯罪人在考验期内不严重违反规定、没有漏罪、没有犯新罪，那么视为其已承担应负的刑事责任。因此，缓刑虽然可能导致最终不实际执行刑罚的结果，但这仍是刑事责任的一种实现方式。

其次，缓刑不同于刑罚措施。缓刑在我国并不是一个独立刑种，必须依附于拘役或三年以下有期徒刑，缓刑期满后未撤销缓刑的法律后果是原判刑罚不再执行，不同于我国主刑和附加刑中的任何一种刑罚措施。

最后，缓刑不同于非刑罚措施。我国刑法规定了三种非刑罚的法律后果，单纯宣告有罪、非刑罚处罚[⑤]以及保安处分（如刑法关于禁止令、从业禁止的规定）。这三种非刑罚措施既可能适用于犯罪，也可能适用于仅有不法而缺乏

---

① 梁恒昌:《缓刑制度之商榷》，载刁荣华主编:《现代法学论文精选集》，（台湾）台北汉苑出版社 1976 年版，第 131 页。

② 段晖、周卫军:《缓刑的刑罚谦抑性考察》，载《当代法学》，2001 年第 7 期。

③ 左坚卫:《缓刑制度的理论与实务》，中国人民公安大学出版社 2011 年版。

④ 冯全:《中国缓刑制度研究》，中国政法大学出版社 2009 年版，第 12 页。

⑤ 刑法第 37 条规定的内容，“对于犯罪情节轻微不需要判处刑罚的，可以免予刑事处罚，但是可以根据案件的不同情况，予以训诫或者责令具结悔过、赔礼道歉、赔偿损失，或者由主管部门予以行政处罚或者行政处分。”

责任的行为人。

在现代刑法学理念中，刑罚的目的是预防，包括特殊预防和一般预防。刑事责任的实现，既要与犯罪分子所犯罪行相适应，也要与犯罪人的人身危险性相适应。因此，刑罚措施和非刑罚措施都体现了罪刑相适应原则，作为“中间措施”的缓刑，也不例外。

第二节　缓刑的价值

也有学者称作缓刑的作用、缓刑的功能、缓刑的意义等。研究缓刑的价值，首先从美国缓刑制度的起源谈起。美国的缓刑制度起源于波士顿的制鞋匠、慈善家约翰·奥古斯塔斯（John Augustus 1785–1859）在 1841 年所做的开拓性工作。约翰·奥古斯塔斯是一位自信、热忱和富有同情心的修鞋匠，在他 57 岁那年，对法院的工作产生了浓厚的兴趣。1841 年一天的早晨，一个年轻人被带进法院，奥古斯塔斯凭经验知道，这是一个在公共场所酗酒闹事者。按照当时麻省的法律，“酗酒闹事”是一种轻微的罪行，只要交一小笔保释金，便可判一年“监外改造”；若不交保释金，那只有在小偷、抢劫犯、强奸犯、诈骗犯集中的监狱里关一年。从这里出来以后，十有八九要学坏，变成一个对社会充满怨恨的职业罪犯。奥古斯塔斯虽然见多了此类情景，但他那天早晨还是对眼前这个充满悔意、惶恐的青年，产生了恻隐之情。开庭时，奥古斯塔斯向法官表示自己愿做被告人的担保人。奥古斯塔斯的古道热肠和青年的悔意打动了法官，他同意了奥古斯塔斯延期 3 周审判的请求，3 周后将根据被告人的具体情况作出最后判决。

3 周后，奥古斯塔斯向法官呈上一页报告——以上帝的名义发誓作证，这个青年 3 周来滴酒不沾，一直是勤劳工作，照顾亲人，空余时间还去教堂做义工。法官一见大喜，当场宣布释放青年，并象征性地对他罚款 1 美分。奥古斯塔斯这位修鞋老人的爱心和法官的灵光一闪，便开创了美国法律史上一个全新的思维——“惩罚与教育”相结合的新局面。从此以后，奥古斯塔斯的鞋摊就摆在法院门外，每到法院开庭，他总是收起鞋摊，去观看各种案件的审判。以后的 17 年，奥古斯塔斯共为 2000 多人担保。为了确保缓刑犯人在缓刑期间能够改过自新，奥古斯塔斯将每一个缓刑犯的情况作纪录并分析，包括他们的个性、年龄和种族，以及居住条件和社会环境等对他们所产生的影响。可以说，奥古斯塔斯改变了这 2000 多人一生的命运，也影响了美国司法制度的进程。以至于后来，麻省专门成立了一个“缓刑司”机构，全美国各个州纷纷效仿。奥古斯塔斯由此被载入美国法律史册，被人们称为“缓刑之父”。尽管缓刑的做法受到了许多人的批评，这些批评主要是认为缓刑制度对于犯罪分子太宽容，但是，从奥古斯塔斯的实践开始，缓刑在美国逐步流行起来。1878 年，在奥古斯塔斯的家乡马萨诸塞州通过了美国第一部正式的缓刑法规。从 1878 年到 1938 年，美国的 38 个州、哥伦比亚特区和美国联邦政府相继通过了缓刑法规，采纳了缓刑制度。由此，缓刑制度在美国推广开来。

可见，缓刑的价值是大于其弊端的，因此被世界上许多国家纳入刑罚体系。有的学者从正义、秩序和自由三个方面论述了缓刑的价值和局限性，[①]有一定合理性，但过于抽象。笔者认为，缓刑主要有三个方面的价值。

一、避免短期自由刑的弊端

事实上，缓刑制度的设立就是为了避免短期自由刑的弊端，这是缓刑被公认的价值，为绝大多数学者认可。学者们认为，自由刑是作为死刑与身体刑的替代刑走向刑罚体系中心的。我国刑法学家蔡枢衡指出：“刑罚史上经历了五帝时代以死刑为中心的刑罚体系，三王时代以肉刑为中心的刑罚体系，隋唐至清以徒流体刑为中心的刑罚体系以及清末以后以自由刑为中心的刑罚体系等四个刑罚体系。”[②]贝卡利亚在《论犯罪与刑罚》中，根据社会契约论首次提出废除死刑，他指出死刑违背社会契约，死刑的威吓作用是多余的；死刑给人们提供了残酷的榜样，刺激旁观者甚至同情死刑犯，达不到一般预

---

① 左坚卫：《缓刑制度的理论与实务》，中国人民公安大学出版社 2012 年版。

② 林山田：《刑罚学》，台湾商务印书馆 1986 年版，第 207 页。

防的效果；死刑的影响是暂时的，对人类心灵发生较大影响的不是刑罚的强烈性，而是其延续性；死刑的错误无法挽回，等等。此时，资本主义生产方式刚刚建立，资本家需要大量低廉劳动力，从保存劳动力的角度出发，他们认为，对罪犯处以极刑或身体刑不合算，在这种情况下，自由刑登上了历史舞台，成了刑罚体系的主角。

自由刑又分短期自由刑和长期自由刑。长期自由刑适用于情节较严重、罪行较深的犯罪分子；短期自由刑适用于情节较轻，罪行较浅的犯罪分子。也就是说，刑罚应与犯罪在性质上、程度上相当，刑期长短与犯罪行为关系重大。当然，刑期并不是越长改造效果越好，有时反而适得其反。甚至短期自由刑也存在许多弊端，一是罪犯改造则需要一定时间，不是两三个月就能看到效果；二是对某些初犯、偶犯或心智不成熟的罪犯来说，入狱后受监狱“亚文化”影响，可能不但没有悔过自新，反而强化了犯罪意志，习得新的犯罪技巧，巩固了犯罪心理结构；三是适用短期自由刑的往往是罪行较轻的犯罪分子，相对罪大恶极犯罪分子而言，他们更在乎社会的接纳度。一旦实际执行刑罚，再回归社会较难。国际社会很早就注意到了短期自由刑的弊端，1872 年在伦敦举行的第一届国际刑法及监狱会议，就讨论了短期自由刑弊端及替代措施问题。

缓刑制度的应运而生，无疑是消除短期自由刑弊端的重要措施。缓刑是对判处一定刑罚的犯罪分子，在一定期间内附条件不执行原判刑罚的刑罚制度，即被判处缓刑的罪犯无需被关押入狱，但同时保留入狱的可能性。这样，被判缓刑者在社区、社会接受改造，能“享受”到常人的一般自由之外，还要承担心理上类似于刑罚的压力，可以说，是介于刑罚执行与刑罚消灭中间地带的一种处遇措施。被判处缓刑的罪犯，由于不被关押在监狱，不致受监狱“亚文化”影响，而是在社会中正常工作、学习和生活，表现和改造均优于羁押状态。就像前述美国缓刑之父——奥古斯塔斯挽救的第一个青年人，不论是在三周的考察期内，还是后来结婚生子，都工作努力、生活幸福，也再未犯过罪，这远比交付执行而可能导致的不良后果价值更大。

二、促使罪犯再社会化

人是社会化的动物，只有融入正常的社会中才能培养出社会属性。人的社会性程度如何决定了人能否适应社会，过正常人的生活。少数人因社会化失败而走上违法犯罪道路，国家要强制这些社会化失败者再社会化，以重新习得社会规范，掌握生存与发展技能。缓刑是促进罪犯再社会化的一条重要且有效的途径，特别是对于那些罪行较轻的过失犯、偶犯、初犯和未成年犯，他们罪行不重、恶性不深，又有悔罪表现，如果"一刀切"地全投入监狱服刑，一方面监狱会不堪重负，另一方面是将他们推向可能再次犯罪的深渊。但是，重刑主义者却认为，刑罚越重，刑罚效果越明显，受刑人越不敢犯罪。事实上，从古至今，重刑在社会治理、防范犯罪上所起的作用微乎其微。马克思曾指出，无论历史和理性都同样证实这样一件事实，不考虑任何差别的残酷手段，惩罚毫无效果。①在现代刑法学界，越来越多的学者开始研究"非羁押强制措施""刑法的谦抑化""轻刑化的扩大适用"等课题。

社会学家把人类社会化过程分别三种：基本社会化、继续社会化和再社会化。②缓刑制度即具有促进犯罪分子再社会化、增强其社会性的功能。缓刑是附条件不执行刑罚的制度，虽然缓刑犯罪分子没有被剥夺自由，但是缓刑仍具有强制性，如果被判处缓刑的犯罪分子违反了有关规定，缓刑将被撤销。将罪犯放在社区、社会中去考察，使其在承受被判有罪精神压力的同时，又能相对正常地继续工作、学习和生活，将对其人生的影响降至最低，有助于其尽早回归正常生活轨迹。

三、符合经济原则

经济基础决定上层建筑，经济因素当然会影响到法律的运行，如立法、司法及执法等等。国家顶层设计者会考虑"刑罚经济原则"在法治中的适用，即以尽可能少的刑罚投入获得最大的刑罚效果。"刑罚经济原则"表现在：能

---

① 马克思、恩格斯：《马克思恩格斯全集》第1卷，人民出版社2016年版。

② 社会学概论编写组：《社会学概论》(第二版)，人民出版社2020年版。

不动用刑罚即可解决犯罪人刑事责任的，就不动用刑罚以实现最大的刑罚效益；能适用轻缓刑罚即可达到刑罚目的的，就不适用严苛刑罚；能不实际执行刑罚即可达到刑罚目的的，就不实际执行刑罚。一般而言，绝大多数的缓刑犯主观恶性都不大，基本没有人身危险性，只需要对他们规定一定的考验期，并进行相应的考察监督和教育，他们便能重新社会化，成为适应正常社会生活的公民。

另外，从经济效益来看，刑罚执行是一种成本投入，即国家投入人力、物力和财力，以实现预防犯罪的目的，在这个过程中不能不考虑刑罚执行的投入与产出比。缓刑适用的直接经济效益是缓解监狱的压力，监狱人满为患是许多国家都存在的问题，只是程度有所不同而已。对于可以减少执行或不实际执行刑罚就能改造好的罪犯，如果强行执行刑罚，显然是浪费国家监狱建设、管理、人员等方面资源。因此，缓刑可以避免监狱行刑的大量投入，节省相当一部分人力、物力和财力。同时，缓刑犯留在社会上可以继续从事生产和工作，为国家和社会创造财富。美国的缓刑制度不仅对那些轻罪或低级别的初犯施行，甚至一些重罪犯也可以执行缓刑，其重要的原因就在于美国监狱一直是处于人满为患的状况，而对犯罪人使用缓刑所支出的成本要比送进拘留所低 5 倍，又比送进监狱低将近 19 倍。[①] 因此，缓刑制度具有较大的经济价值。

第三节　缓刑局限性

缓刑是刑罚文明理念发展的产物，被认为是除了刑罚与保安处分两个既有支柱之外的第三支柱，是刑法中的第三轨或特种的刑罚手段。[②]这些论述肯定了缓刑的价值，但不容忽视的是，缓刑同样有其局限性。

---

① 张琳琳:《美国缓刑制度的起源》，中国法院网，https://www.chinacourt.org/article/detail/2015/10/id/1733574.shtml，2015 年 10 月 27 日。

② 林山田:《刑罚学》，台湾商务印书馆 1983 年版，第 207 页。

一、缓刑一定程度上削弱了正义

缓刑是刑罚个别化措施，其根据在于功利刑法理论中的个别预防论，认为刑罚的分量应当以消除犯罪人的人身危险性，使之重返社会所必需的处理为标准。这种理论认为，刑罚的目的不是威吓、警诫一般人，而是改造犯罪分子，使之不再犯罪 。这种思路实质上否定了报应刑，而认为为了达到个别预防的目的，对社会成员既可以无罪施罚或者轻罪重罚，也可以有罪不罚或者重罪轻罚，结果必然导致罚不当罪，刑罚明显缺乏公正性。①比如甲乙两人都因相同的原因盗窃 3000 元，构成盗窃罪。结果，甲被判处 1 年有期徒刑，缓刑 2 年；乙被判处 1 年有期徒刑实刑。这个结果对乙而言，肯定是觉得不公平不正义的。我国《刑法》第 5 条规定："刑罚的轻重，应当与犯罪分子所犯罪行和承担的刑事责任相适应。" 这里的 "刑" 可以理解为刑事责任，而非单纯的 "刑罚"，这就是罪刑相适应原则。因此，在扩大缓刑适用范围的过程中，我们不能为了适用缓刑而偏离公正，放纵罪犯，以至出现 "刑罚不足" 的情形。所谓 "刑罚不足"，是指刑罚之量没有达到足以控制犯罪之最低限度，在理论上有损公正，在实务上又放纵罪犯。②

缓刑制度所依据的个别预防论，认为刑罚的根据主要在于行为人人身危险性的大小，这种理论对 "报应刑" 持否定态度。缓刑制度在许多情况下暗含有罪不罚或者重罪轻罚的意思，它与刑罚平等、罪刑均衡等建立在报应刑理论之上的刑罚原则存在冲突，因而经常无法做到刑罚公正。因此，缓刑的适用或多或少牺牲或者削弱了刑罚的正义性。为了弱化缓刑适用可能造成的不公正，各国纷纷在立法上加以补救，具体做法是设置 "缓刑负担"。所谓 "缓刑负担"，是指给缓刑犯规定的类似于刑事制裁的义务，其目的是对违法行为进行补偿。这些规定的义务能够在一定程度上给行为人带来可感知的痛苦后果。③ 例如，现行德国刑法典第 56 条 b 第 2 款规定，法院可以使被判决人完成

① 邱兴隆:《关于惩罚的哲学——刑罚根据论》，法律出版社 2000 年版，第 207-214 页。

② 赵秉志:《海峡两岸刑法总论比较研究》(下卷)，中国人民大学出版社 1999 年版，第 436 页。

③ 〔德〕汉斯·海因里希·耶赛克、托马斯·魏根特:《德国刑法教科书(总论)》，徐久生译，中国法制出版社 2001 版，第 1007 页。

以下缓刑负担：（1）尽力补偿由其行为所造成的损害；（2）根据行为人的行为和人格性，为公益设施支付钱款；（3）提供其他公益性服务；（4）为国库支付钱款。这些缓刑负担在不少国家的刑法中也作了部分或者全部规定。对宣告缓刑的犯罪分子规定缓刑负担，在一定程度上弥补了缓刑造成的刑罚不足的问题，而且有助于对缓刑犯的表现进行考察、判断，是有其合理性的。[①] 缓刑实质上并未执行刑罚，从这一角度看，对宣告缓刑的犯罪分子规定缓刑负担，是非常必要的。但是，令人遗憾的是，我国刑法没有为宣告缓刑的犯罪分子设置任何缓刑负担，只规定了若干义务，这些义务都不涉及惩戒性和补偿性的内容。因此，在我国，被宣告缓刑的犯罪分子除了满足缓刑适用的四个实质要件（其中有赔偿、补偿及赔礼道歉等表现形式）外，实际上没有受到任何实质性的制裁，以致很多群众认为宣告缓刑等于无罪释放。虽然这种看法有误，却从侧面反映出我国缓刑立法中存在的问题。

二、缓刑对维护社会秩序的作用较弱

缓刑可以通过特殊预防来实现维护社会秩序的功能。但不可否认的是，在刑法领域，对社会秩序的维护主要是通过一般预防来实现的，防患于未然比事后针对个体进行惩罚、改造要更符合经济便利主义原则。缓刑适用是综合评估的结果，对犯罪行为的考虑只是其中一部分，容易导致罚不当罪、重罪轻判。这种刑罚措施对有犯罪倾向的人而言，一般起不到威慑作用，甚至有可能走向反面，促使其“敢于”铤而走险去犯罪，这显然不利于一般预防目的的实现。

缓刑还有可能导致社会不安情绪蔓延，本应当送监执行的罪犯放在社会中改造，一是让普通群众难免有“敬而远之”的疏离感，甚至流露不友好的态度，或是心生害怕产生不安感；二是缓刑犯有可能对被害人或举报犯罪的人实施报复举动，也让这些人处于心理压力状态下；三是不能鼓励公民积极同轻微犯罪行为作斗争。只有对犯罪分子适用公正而适当的刑罚，让公民感

---

① 赵秉志：《海峡两岸刑法总论比较研究》（下卷），中国人民大学出版社 1999 版，第 436 页。

受到刑罚的正义性，才能够增强他们同犯罪作斗争的信心。如果判处缓刑，会让公民有沮丧和失望感，进而丧失对刑罚制度的畏惧或信赖。

三、缓刑的适用范围有限

各国刑法规定的缓刑一般只适用于短期自由刑，具体刑期从6个月至5年不等。目前，两大法系下的缓刑制度适用范围均有扩大的趋势，其中英美判例法的特征决定了缓刑制度并没有明确的适用范围，法官拥有较大的自由裁量权，但这种裁量权是受到陪审团制度及量刑前调查制度制约的，另外，公众参与司法实践积极性较高也是前提条件之一；大陆法系的成文法特征决定了适用缓刑有相对明确的范围，如刑期、罪行类型、情节等等，并以此为基础开展社会调查，初步评估是否具有社会危险性。当然，近年来大陆法系国家缓刑适用率明显提高，这有赖于大陆法系国家相对稳定的政治、经济格局，一是降低了重罪的比例，二是提供了轻缓刑适用的合适土壤。

我国刑法规定，缓刑适用于拘役和3年以下有期徒刑，这和大多数国家的规定是一致的，但缓刑适用率相对较低。当然，一个国家的立法、司法制度势必与其国情、国家的法治理念、法治传统以及国民的法感情等息息相关。盲目效仿其他国家提高缓刑适用率不一定能取得较好的政治效果、社会效果和法律效果，反而可能会使经济犯罪、职务犯罪等现象更加猖獗。因此，我国对扩大缓刑适用范围应持谨慎态度，但对青少年、老弱病残孕等特殊主体以及轻型案件的犯罪分子，在满足缓刑适用形式要件的情况下，应大胆适用缓刑。

另外，少数国家和地区的刑法规定，对罚金刑可以适用缓刑，如意大利、日本、韩国，但我国尚未有此规定。还有我国和大多数国家都没有规定单位缓刑，目前也鲜有相关研究。

第二章　缓刑适用的条件

第一节　形式要件

缓刑适用的形式要件，指罪种条件和刑种条件，这里不涉及对犯罪分子主观恶性、行为危害性，以及人身危险性的评价。

一、缓刑适用的罪种条件

缓刑适用的罪种条件，世界范围内有两种立法例，一种没有限制可以适用缓刑的刑种，犯任何罪行的人都有机会获得缓刑（实质上并不可能）；另一种是规定了对犯某些罪行的人不得适用缓刑。

（一）规定了罪种条件的立法模式

有些国家和地区的刑事法律中，对适用缓刑的罪种作出了排除限制。例如，在英国，对谋杀罪、放火罪、抢劫和强奸等严重的刑事犯罪分子不适用缓刑。[①]我国香港地区的《香港刑事诉讼程序法》规定，对于非预谋杀人、强奸或者强奸未遂、聚众斗殴、运输毒品、提供毒品、企图谋杀、意图造成伤害结果造成重伤、非礼、抢劫、经营或者持有火器等犯罪，不得判处缓刑。[②]我国 1979 年《刑法》第 69 条规定，对于反革命犯，不得适用缓刑。

（二）未规定罪种条件的立法模式

大多数国家都采用此种缓刑适用模式，即不对罪种作出规定，而是主要依赖于刑种等因素。例如，《德国刑法典》第 56 条规定："在判处不超过一年的自由刑时，法院暂缓刑罚的执行，付以考验，如果期待被判决人已经由

① 王运生、严军兴：《英国刑事司法与替刑制度》，中国法制出版社 1999 年版，第 167–168 页。

② 赵秉志主编：《香港刑事诉讼程序法》，北京大学出版社 1996 年版，第 269 页。

判决受到警戒，并且在将来无需刑罚执行的影响也不会再实施犯罪行为。”[①]没有对可以适用缓刑的罪种作出任何规定，由此表明缓刑理论上可以适用于任何一种犯罪。再如美国，美国州法院在适用缓刑的案件中，即使是重罪（felony）也并未排除缓刑的适用，相反如谋杀、过失杀人、性侵者与强奸、抢劫、重伤害等等，均有相当比例被适用缓刑。[②]中国、日本、韩国、俄罗斯、法国等大多数国家也采取这种模式。

笔者认为，世界上大多数国家对缓刑适用并未限制罪种，是有其合理性的，一是能否适用缓刑更多地在于法官根据缓刑适用的实质要件来行使自由裁量权。这就是为什么司法永远不可能被机器人所替代，现实中的犯罪情节千差万别，犯罪动机也各有不同，即便是同一种犯罪，从预备、着手到既未遂，整个过程中反映出的主观心态、客观行为和社会危险性也是相去甚远。再严重的犯罪类型，也可能存在值得对犯罪人加以同情和宽宥的情节。因此，如果对缓刑适用的罪种作出范围限制难免会抑制法官的自由裁量权，也导致本可以不执行刑罚的罪犯必须交付执行；二是缓刑适用的实质要件已在司法实践中“变通”地限制了罪种，无须重复限制罪种条件。我们不限制缓刑适用的罪种范围，从理论上看所有犯罪均有适用缓刑的可能，但司法实践中，某些类型的犯罪几乎从未适用过缓刑，如恐怖活动犯罪类、危害国家安全犯罪类、严重暴力犯罪类等，即法官在综合考虑缓刑适用条件时，排除了某些类型的犯罪适用缓刑，没有必要重复限制罪种条件。

二、缓刑适用的刑种条件

缓刑适用的刑种条件，是指对于被判处何种刑罚的人可以适用缓刑。与前述罪种条件不同，世界上大多数国家均规定了缓刑适用的刑种条件，主要集中在短期自由刑、罚金刑或附加刑的选择上，适用其中一种或多种，均存在相关立法模式。

---

① 冯军译:《德国刑法典》，中国政法大学出版社 2000 年版。以下有关《德国刑法典》未注释的，均来自此译本。

② 吴宗宪:《社区矫正比较研究》，中国人民大学出版社 2011 年版，第 151–152 页。

（一）短期自由刑

该刑种是最常见、采纳率最高的一种缓刑适用刑种，但必须短到什么程度，各国刑法的规定差别较大。例如，《德国刑法典》规定，可以宣告缓刑的通常只能是判处 1 年以下自由刑的罪犯；《法国刑法典》规定，可以对判处 5 年以下自由刑的人适用缓刑；《朝鲜刑法典》更是规定，对被判处 5 年以上徒刑的人，也可以适用缓刑。但从各国立法的发展趋势来看，可以适用缓刑的自由刑一般在 2 至 3 年。例如，1971 年修订的《瑞士联邦刑法典》规定，缓刑只适用于被判处 8 个月以下自由刑的罪犯，1996 年修订的《瑞士联邦刑法典》规定，缓刑可以适用于被判处 18 个月以下自由刑的罪犯。①

我国刑法规定可以适用缓刑的刑种，包括拘役和 3 年以下有期徒刑两种短期自由刑，对罚金刑和附加刑均不能适用缓刑。关于适用缓刑的自由刑刑期应当如何设置，我国刑法学界有三种观点，第一种观点认为，缓刑适用的短期自由刑可以调整到 5 年以下，这样可以扩大缓刑适用范围；第二种观点认为一般应在 3 年以下，但最高不超过 5 年，这与第一种观点差别并不大；第三种观点认为最高在 3 年以下。笔者认为第三种观点既考虑到了最大限度地适用缓刑，又不致于过分“放纵”严重罪行，较好地找到了平衡点。3 年有期徒刑在我国刑罚规则上是一个“分水岭”，如我国《刑法》第 7 条规定，“中华人民共和国公民在中华人民共和国领域外犯本法规定之罪的，适用本法，但是按本法规定的最高刑为三年以下有期徒刑的，可以不予追究。”第 8 条规定，“外国人在中华人民共和国领域外对中华人民共和国国家或者公民犯罪，而按本法规定的最低刑为三年以上有期徒刑的，可以适用本法，但是按照犯罪地的法律不受处罚的除外。”可见，3 年以下还是以上有期徒刑，一定意义上意味着轻重罪行之分。毫无疑问，缓刑适用范围只能是有可能被判处 3 年以下的轻罪。另外，缓刑适用的自由刑期如果设置过长，会对刑法在维护正义方面的价值造成损害。

---

① 左坚卫:《缓刑制度的理论与实务》，中国人民公安大学出版社 2011 年版，第 48–49 页。

（二）罚金刑

对于罚金刑能否适用缓刑，目前立法上有肯定和否定两种态度。日本、法国、意大利、韩国以及我国台湾地区规定罚金刑可以适用缓刑，而俄罗斯、朝鲜、巴西和我国刑法均持否定态度。在规定可以对罚金刑适用缓刑的刑法中，又分为三种情形：第一种情形是对判处一定数额罚金的罪犯可以宣告缓刑，如《日本刑法典》第25条规定，对被宣告50万日元以下罚金的人，可以暂缓刑罚的执行。《德国刑法典》则规定，对被判处180日额罚金的犯罪人可以适用保留刑罚的警告；第二种情形是针对确定无力交纳罚金的人，法院可以对其宣告缓刑。《西班牙刑法典》第98条第3项规定便是如此；第三种情形是对所有被判处罚金刑的人，只要符合一定条件，就可宣告缓刑。①

同样，对于罚金刑能否适用缓刑，在刑法理论上也存在正反之争。反对罚金刑适用缓刑的学者认为，缓刑本是为了避免短期自由刑弊端而设，罚金刑不需要剥夺自由，不存在该弊端；法官在判处罚金刑时即考虑到了犯罪分子罪行的性质、轻重以及经济能力，最多只能是暂缓执行，而不是通过缓刑可能免交罚金，否则罚不当罪。② 支持罚金刑适用缓刑的学者认为，罚金刑（特指单处的情况下）相对自由刑而言判处更轻，而自由刑都可以适用缓刑，罚金刑为什么不可以？对罚金刑适用缓刑同样可以起到鼓励犯罪人改过自新的作用。特别是对于刑法规定必须并处罚金的罪犯，因家庭贫困无力缴纳罚金的情况下，对罚金刑适用缓刑更有利于罪犯早日融入社会，不致因罚金刑的压力引发其他的犯罪风险。③笔者认为，我国刑法有必要将罚金刑纳入缓刑适用。我国的罚金刑既可以适用于较轻罪行（单处罚金），也可以适用于较重罪行（与自由刑并处）。罚金刑的适用不是用于减轻自由刑的惩罚，而是加重自由刑犯罪分子的刑罚负担。罚金刑对任何犯罪分子而言，都是其生活质量一种可感知的损失，特别是对于穷人，罚金刑的缺陷十分明显。但是，我国刑法很多法条都要求在自由刑的基础上，“并处”罚金，即使犯罪分子完全无履行罚金刑的能力，法官也必须并处罚金。罚金的效果因贫富之差而完全不

---

① 张明楷译：《日本刑法典》，法律出版社1998年版，第14页。以下有关《日本刑法典》未注释的，均来自此译本。

② 孙力：《罚金刑研究》，中国人民公安大学出版社年1995，第162页。

③ 周应德、周梅林：《试论罚金刑的缓刑》，载《现代法学》1998年第6期。

同，对于富者是轻微负担，对于穷者是深重痛苦。在这种背景下，笔者认为，把罚金刑与适用缓刑结合考察，无论是在人道化、轻缓化执行方式，还是现实意义上真正使罚金刑能够执行，均值得研究。另外，需要说明的是，如果罚金刑可以适用缓刑的话，就可以考虑将单位犯罪主体纳入缓刑适用主体。

第二节　实质要件

前面阐述了缓刑适用的形式要件，都是基于前提、外在、形式上的意义，而最核心、最关键的必然是本节所讨论的缓刑适用的实质要件。

一、域外缓刑适用的实质要件

包括我国在内的世界上大多数国家刑法对缓刑适用的实质要件规定得较为原则、抽象，需要司法工作者根据原则和抽象的描述把握实质的内涵。概括而言，各国刑法关于缓刑适用实质条件的规定可以分为三种情形。

（一）无缓刑适用实质条件之内容规定的立法

所谓无缓刑适用实质条件之内容规定的立法，指的是在适用缓刑时，只需要满足缓刑适用的形式要件，且不具有法定的前科情况，那么即可适用。这种立法规定犯罪人只要无法定前科，满足形式要件，可以考虑适用缓刑，至于其他方面的实质条件，则没有作出任何规定。笔者认为，“无法定前科”不能称之为实质要件，将在后文的“排除条件”一节中论述。因此，这种属于没有规定缓刑适用实质要件的立法例。

我国台湾地区刑法典第74条规定，未曾受有期徒刑以上刑之宣告，或者虽然受过有期徒刑以上刑之宣告，但在执行完毕或赦免后，5年之内未曾受有期徒刑以上刑之宣告者，认为以暂不执行为适当者，可以宣告缓刑。现行《日本刑法典》第24条规定，以前未被判处过监禁以上刑罚，或者以前虽然被判处过监禁以上的刑罚，但从执行完毕或者免除执行之日起，5年内未再被判处过监禁以上刑罚的，可以根据情节，予以缓刑。现行《法国刑法典》第132–30条规定，对自然人，只有被告在其犯罪行为前5年内未因普通法之重罪或轻罪被判处徒刑或者监禁刑者，始得命令缓刑；对法人，只有在其犯罪行为前5年内未因普通法之重罪或轻罪被判处数额超过40万法郎之罚金者，始得命令缓刑。①

（二）以“无再犯可能性”为实质要件的立法

这类立法例占据当今世界缓刑立法实质要件的主流，一般均围绕“无再犯可能性”为核心，再辅以若干基本的判断标准，即对犯罪人不执行刑罚也不会再犯罪或者不会再危害社会。不同国家刑法规定的具体内容有所不同，主要有三种，犯罪人个人情况（A）、犯罪情节（B）、罪后表现（C）。

第一种是A+C。在此立法模式中，能否适用缓刑主要考察犯罪人个人情况和罪后表现。例如1996年《瑞士联邦刑法典》第41条第1款第1段规定：“如果被判刑人的履历和性格表明，不立即执行刑罚也不会再实施重罪或者轻罪，且可期望其对由法院或通过调解确定的损失进行赔偿的，法官可将18个月以下的自由刑或附加刑的执行予以推迟。”②其中，被判刑人的履历和性格属于犯罪人个人情况，犯罪人的赔偿情况属于罪后表现，只要犯罪人符合上述两个标准的要求，法官即可以不再考虑犯罪的情节，从而对犯罪人适用缓刑。

第二种是B+C。在这种立法例中，判断犯罪人“再犯可能性”主要从犯罪的具体情节以及罪后表现两个角度入手，来推断是否能达到不执行不致危害社会的要求。我国1997年刑法即采用此种立法例。1997年《刑法》第72条第1款规定，“对于被判处拘役、三年以下有期徒刑的犯罪分子，根据犯罪分子的犯罪情节和悔罪表现，适用缓刑确实不致再危害社会的，可以宣告缓刑。”其中悔罪表现就是罪后主观心态、行为反应、积极补救或补偿等，但具体哪些内容纳入犯罪情节、悔罪表现的考察范围，法律并没有做出明确的规定。

第三种是A+B+C。这是最全面的一种立法模式，该种立法例把犯罪人个人情况、犯罪情节和罪后表现都纳入考察范围。事实上多数国家的司法实践中，实质上在采取该种判断模式，即便是我国刑法并未规定适用缓刑时需考察“犯罪人个人情况（A）”，但法官在综合判断中，势必会考虑到犯罪人的

① 左坚卫：《缓刑制度的理论与实务》，中国人民公安大学出版社2011年版，第61页。

② 徐久生译：《瑞士联邦刑法典》，中国法制出版社1999年版，第12页。

生活习惯、工作经历、性格等等。其中以意大利刑罚中的规定比较典型，根据《意大利刑法典》第 164 条规定，只有当法官根据下列情节推定犯罪人将不再实施新的犯罪时，才允许适用缓刑：第一，说明犯罪严重程度的情况，包括：（1）行为的性质、类型、手段、对象、时间、地点和其他方式；（2）对被害人造成的损害或者危险的程度；（3）故意或者过失的程度。第二，说明犯罪人的犯罪能力的情况，包括：（1）犯罪的原因和犯罪人的特点；（2）刑事处罚的前科，尤其是犯罪人所处的个人、家庭和社会环境。[①] 此外，《俄罗斯联邦刑法典》《韩国刑法典》《美国模范刑法典》也做出了类似的规定。

（三）以“无再犯可能性”和“不危及法律秩序”为实质要件的立法

《德国刑法典》第 56 条第 1 款规定，“法院暂缓刑罚的执行、付以考验，如果期待被判决人已经由判决受到警告，并且在将来无需刑罚执行的影响也不会再实施犯罪行为。这时特别必须考虑被判刑人的人格性。他以前的生活经历、他的行为状况、他行为后的行动、他的生活环境和暂缓执行期之于他的作用。”同时该条第 3 款中规定，在判处至少 6 个月的自由刑时，如果实际执行刑罚为维护法律秩序所必须，则不得适用缓刑。这种立法例，将“无再犯可能性”和“不危及法律秩序”均作为缓刑适用的实质条件，还有《加拿大刑法典》也有类似规定。但笔者认为，这两类实质要件有重合之处，后者包含前者。

二、我国缓刑适用的实质要件

根据我国刑法第 72 条第 1 款的规定，适用缓刑的实质要件为：犯罪情节较轻、有悔罪表现、没有再犯罪的危险、宣告缓刑对所居住社区没有重大不良影响。这些实质要件主要有以下三个特征：一是该四要素为并列关系。缓刑的适用需要同时满足该四要素的标准，可以说是“一票否决”制，任何一个条件不满足则不能适用缓刑。就其内在关系来说，犯罪情节较轻是前提条件，如果罪行严重，则不可能进入评价“悔罪表现”环节。有悔罪表现再结

---

① 黄风译：《意大利刑法典》，中国政法大学出版社 1998 年版，第 42 页。以下有关《意大利刑法典》未注释的，均来自此译本。

合犯罪人的个人情况（如前述分析，司法实践中不可能不考虑犯罪人的性格、生活环境和工作经历等个人情况）去分析有无再犯罪的危险，以及宣告缓刑对所居住社区有无重大不良影响；二是强调了犯罪情节“较轻”。2011年我国刑法修正案（八）将“犯罪情节”修改为“犯罪情节较轻”，区别非常大，意味着即使悔罪表现很好但只要犯罪情节较重，一律不得适用缓刑，这也是进一步强调了罪刑相适应的刑法基本原则；三是将“不致再危害社会”更具体化为“没有再犯罪的危险”以及“宣告缓刑对所居住社区没有重大不良影响”。笔者认为，虽然修改后的这两条标准并未给出可操作性的判断内容，但相较修改前的表述，还是突出了“无再犯可能性”这一实质要件，以及考虑到了所在社区“秩序”这一具体现实问题。

（一）犯罪情节较轻

何谓“犯罪情节较轻”，我国刑法学界众说纷纭。刑法中表述“犯罪情节”的条文有六条，[①]刑法总则和分则中反复出现“情节”二字，使用频率颇高。但无论是在司法实务中，还是理论学界，犯罪情节的界定都是困扰已久的难题。当然，由于社会生活的纷繁芜杂、犯罪行为的千变万化，刑法条文和司法解释不可能对犯罪情节内容作规定和解释。关于“犯罪情节”，有代表性的观点如下：

第一种观点：犯罪情节是客观存在于犯罪实施过程中，与行为及其行为人有直接联系的主客观事实情况的总和。[②]犯罪是从预备开始、到具体实施，以及危害结果发生的三个阶段相互联系的过程，不同的犯罪有不同的阶段，有的犯罪停止在某一阶段，有的犯罪没有最后一个阶段，因而不同犯罪的犯罪情节

---

① 这六条分别是：第28条，“对于被胁迫参加犯罪的，应当按照他的犯罪情节减轻处罚或者免除处罚。”第37条，“对于犯罪情节轻微不需要判处刑罚的，可以免予刑事处罚，但是可以根据案件的不同情况，予以训诫或者责令具结悔过、赔礼道歉、赔偿损失，或者由主管部门予以行政处罚或者行政处分。”第50条（死缓），“对被判处死刑缓期执行的累犯以及因故意杀人、强奸、抢劫、绑架、放火、爆炸、投放危险物质或者有组织的暴力性犯罪被判处死刑缓期执行的犯罪分子，人民法院根据犯罪情节等情况可以同时决定对其限制减刑。”第52条，“判处罚金，应当根据犯罪情节决定罚金数额。”第383条（贪污罪），“犯第一款罪，有第三项规定情形被判处死刑缓期执行的，人民法院根据犯罪情节等情况可以同时决定在其死刑缓期执行二年期满依法减为无期徒刑后，终身监禁，不得减刑、假释。”以及本书研究的第72条关于缓刑的条件规定。

② 赵廷光：《刑法情节新论》，载《刑法理论研究》1996年第21期，第46页。

是不一样的。该观点强调“犯罪实施过程中”的表现形式，即罪中情节，而忽略了罪前、罪后情节，因此不能解释某些罪前、罪后情节为何成为犯罪的构成要件。罪前、罪后情节如刑法第 201 条的规定，“有第一款行为，经税务机关依法下达追缴通知后，补缴应纳税款，缴纳滞纳金，已受行政处罚的，不予追究刑事责任；但是，五年内因逃避缴纳税款受过刑事处罚或者被税务机关给予二次以上行政处罚的除外。”罪后情节还可以参考刑法第 351 条第 3 款的规定，“非法种植罂粟或者其他毒品原植物，在收获前自动铲除的，可以免除处罚。”可见，前科情节、罪后犯罪分子对已破坏法益的修复都是社会危害性增减和人身危险性升降的体现，这些情节因与整个犯罪行为紧密联系而成为构罪的重要组成部分。因此，评估“犯罪情节”不能仅着眼于罪中情节。

第二种观点：犯罪情节是指犯罪有关的各种情况。[①] 这种观点貌似比第一种观点全面，考虑到各种情况，实质上较为笼统，只是列举了“犯罪发生的环境、犯罪的侵害对象、犯罪造成的损害、犯罪的性质、犯罪的时间、地点、作案对象等因素，以及行为人的主观恶性、精神状态等方面因素”，却没有说明为什么这些事实、情况是犯罪情节，也没有进一步揭示犯罪情节的本质。另外，犯罪有关的情节也有重要和不重要之分，不可能所有的情况都纳入犯罪情节予以考虑。

第三种观点：犯罪情节应当是反映犯罪构成以及犯罪行为状况的事实情况。[②]这种观点相较第一种观点，考虑的“犯罪情节”范围更广，涵盖整个犯罪构成。相较第二种观点，具体地指出了是“犯罪构成”中的情节，更有针对性，不是泛泛而谈。该观点注重犯罪行为状况所体现的犯罪情节，但没有揭示清楚犯罪情节所体现行为的特性，从而难以说明这些行为状况为何能成为犯罪情节，通过何种方式将其提取出来。

第四种观点：犯罪情节是指犯罪构成要件事实以外的，表明行为人人身危险性和行为社会危害性大小的主客观事实情况。[③]该观点认为，“犯罪情节”

① 于志刚：《刑法学总论》，中国法制出版社 2010 年版，第 429 页。

② 王利宾：《论刑法中的“情节”》，载《信阳师范学院学报》，2010 年第 4 期，第 57 页。

③ 欧阳涛、魏克家、刘仁文：《中华人民共和国刑法注释与适用》，人民法院出版社 1997 年版，第 115 页。

的前提是行为已构罪，即有犯罪才考虑情节。犯罪情节不影响构罪，只影响处罚。犯罪事实与犯罪情节是不同的两个概念，犯罪事实用于定性，犯罪情节用于处罚。不可否认的一点是，情节是从事实中截取的片段，众多犯罪情节组成了完整的犯罪事实。犯罪构成要件是从犯罪事实中抽象出来的，即情节经过类型化、抽象化而成，因此将犯罪情节与犯罪构成割裂并不合理。另一方面，从对犯罪情节所达成的共识来看，犯罪情节既然反映了行为的社会危害性，那么犯罪情节就无法独立于犯罪构成。

第五种观点："综合情节说"认为，犯罪情节既包括定罪情节，也包括量刑情节；既包括社会危害性情节，也包括人身危险性情节。如左坚卫教授认为，对犯罪情节是否较轻的判断，只能是一种综合评判，评判的根据应当是犯罪事实所体现出的犯罪人主观恶性及犯罪所具有的客观危害。①大多数学者赞同并论证了"综合情节说"，但不难发现，各有侧重。喻伟教授在研究当时的刑法规定时提出："从根本上理解，既然成为实质要件的根据，它的实质核心内容可以归结到人身危险性或称主观恶性这个问题的焦点上，人身危险性小，小到不足以危害社会，'确实不致再危害社会'才有现实的可能性。"②说明喻伟教授在坚持考虑综合情节的基础上，明显侧重于"人身危险性"的判断。赵秉志教授主编的《刑法修正案（八）理解与适用》中似乎更坚持"客观危害说"，认为犯罪情节较轻，"既可以指定罪情节较轻，也可以指量刑情节较轻，是指犯罪构成事实、定罪剩余的犯罪构成事实、犯罪构成事实以外的犯罪事实三个条件中有一个或几个程度较轻。犯罪情节较轻可以表现为犯罪行为的手段、造成的后果、社会影响、侵害的法益等较轻。"③这种表述有以下几个问题，一是没有综合考虑情节，不当扩大了缓刑适用范围；二是考虑的几个情节是合并使用还是择一或择多使用，并不明确；三是将社会影响、法益作为犯罪情节单独予以评价不符合现实。

可见，立法对缓刑适用实质要件进行了模糊处理，且刑法学界对"犯

① 左坚卫：《缓刑制度的理论与实务》，中国人民公安大学出版社 2011 年版，第 68 页。

② 喻伟：《缓刑制度与刑事政策》，载《法学评论》，1992 年第 3 期。

③ 赵秉志主编：《刑法修正案（八）理解与适用》，中国法制出版社 2011 年版，第 115 页。

罪情节较轻"的标准莫衷一是，必然导致司法实务界也存在分歧。笔者赞同"综合情节说"，所谓"犯罪情节较轻"，应当理解为犯罪人的主观恶性较轻，且犯罪所造成的客观危害较小，可以从主观和客观方面予以理解和把握。

1. 主观方面

（1）犯罪主体。很少有学者在研究"犯罪情节较轻"时提到犯罪主体问题，但这一标准值得注意。关于犯罪主体可以从两方面考虑，一是犯罪主体的身份。犯罪主体身份当然不能直接推断出"犯罪情节较轻"这一结论，但应作为犯罪情节考虑的因素之一。正如我国刑法修正案（八）明确表示"同时符合下列条件的，对其中不满十八周岁的人、怀孕的妇女和已满七十五周岁的人，应当宣告缓刑"，说明虽然这些主体符合"有责性"这一构成要件，但不可否认的是，这些主体更容易处于弱势群体中，结合司法实践来看，这些主体身份反映出来的主观恶性往往更轻；二是犯罪分子的人格情况。司法工作者在实践中都会考虑到犯罪分子的人格情况，即犯罪分子的成长经历、生活环境、职业情况、性格品行、有无前科和平日表现等。犯罪分子的人格情况虽然与犯罪没有直接的关系，但在一定程度上对犯罪动机、罪过的形成有影响，因而也能体现犯罪分子的主观恶性。

（2）罪过形式。指犯罪人对自己犯罪行为和犯罪结果所持的主观态度，分为故意和过失两种类型，通常情况下，故意犯罪的主观恶性要大于过失犯罪。关于故意犯罪的"犯罪情节较轻"，笔者将在下文"动机和目的"中论述。

过失犯罪的犯罪人，其主观上是不希望甚至是反对犯罪结果发生的，心态是疏忽大意或过于自信。因此，从主观恶性上来考察，过失犯罪的主观恶性明显小于故意犯罪，其人身危险性程度相对较低。对于过失犯，通常可以相信即使不实际执行刑罚，其再犯的可能性也很小，具备了适用缓刑的良好基础。甚至有观点认为，应当将过失犯罪适用缓刑的范围扩大至最高被判处5年有期徒刑的犯罪分子。笔者认为这种观点不可取，因为被判处5年有期徒刑的犯罪分子，即使是过失犯罪，也通常造成了极为严重的后果，如国家利益遭受特别重大损失、多人伤亡等，或者有特别严重情节，如过失犯罪后为逃避责任而实施违法或违纪行为，这种情形下适用缓刑会伤害公众朴素的正义观。因此即使是过失犯罪，适用缓刑的范围也应当限制在“拘役或3年以下有期徒刑”。

（3）动机和目的。动机和目的在评价犯罪人主观恶性、人身危险性方面的作用至关重要。传统的刑法学理论认为，动机和目的仅存在于故意犯罪中，[①]即犯罪人主观上对犯罪行为和犯罪结果持故意心态（有的学者认为只能存在于直接故意中，[②]有的学者认为存在于直接和间接故意中[③]）时，再考察其实施犯罪行为的动机和目的。如前分析，故意犯罪的主观恶性大于过失犯罪，但是，如果犯罪人出于值得同情或者宽宥的动机和目的时，再来评价是否“犯罪情节较轻”，就可能得出不一样的结论。

犯罪动机即犯罪的起因与缘由，一个人基于什么样的原因而实施犯罪行为，直接体现了其主观恶性与人身危险性。“犯罪情节较轻”动机总的把握原则就是以社会一般人标准来评价——值得理解或同情，主要有几种情节：一是压力。如维系全家生计的公司会计，被老板要求做假账，不然将面临解雇，虽然会计有其他选择，但基于工作不好找、家境困难等压力，要求他断然拒绝并不现实；如同样是盗窃犯罪，无劳动能力的人为了生存需要而去盗窃，与基于好逸恶劳、贪图享受而去盗窃后挥霍，主观恶性差别较大，前者存在让人同情的因素，后者则让人怀疑其品性。据英国《卫报》报道，意大利一名流浪者因在一家超市偷窃4.07欧元(约合人民币30.36元)的食物被抓获。2015年，他被判处6个月监禁和100欧元(约合人民币745.88元)罚金。随后，该流浪者提起上诉到最高法院，法院宣布其无罪。法院裁定，“生存权优先于财产权”，根据被告人的条件和当时情况，偷窃少量食物的行为是出于对食物的迫切需求。因此，被告出于生存需要而做出的偷窃行为不算犯罪；[④]二是刺激。如被害人一方有明显过错或对矛盾激化负有直接责任，犯罪分子在被刺激后实施了犯罪行为。如长期被丈夫家暴的妻子实施了故意伤害或杀害丈夫

① 〔苏〕萨尔基索夫：《犯罪的动机与目的》，黄道秀译，《北京政法学院学报》，1981年第2期。

② 马克昌：《犯罪通论》，武汉大学出版社1999年版，第388页。

③ 江任天：《论间接故意与犯罪动机》，载《法学研究》，1983年第2期。

④ 搜狐网：《意大利最高法院：贫困饥民偷窃少量食物不算犯罪》，https://www.sohu.com/a/73667746_162522，2016年5月5日。

的行为，法院在量刑时均会考虑到被害人有明显过错而从轻或减轻对妻子的处罚；三是正义。有的行为人出于义愤而违法犯罪，如村干部甲平日为非作歹，以权谋私，村民敢怒不敢言。某日，甲又在村里欺负老人时，村民乙忍无可忍，出手将甲打成轻伤，构成故意伤害罪。法官会认为乙有值得宽宥的犯罪动机，应予以从轻处罚。

犯罪目的往往要与动机结合起来评价，如前述的出于义愤而违法犯罪，“出于义愤”与“为了正义”即动机与目的，是事情的一体两面。一般而言，值得理解或同情的目的和动机也意味着“犯罪情节较轻”。

（4）防卫过当、避险过当、犯罪中止。防卫过当是指行为人在正当防卫过程中，超出防卫的限度，以至于防卫行为造成的损害明显超出正常范围，给不法侵害人造成重大损害的情形；避险过当是指行为人的避险行为超过必要限度，造成不应有的损害。正当防卫和紧急避险本身属于排除犯罪的事由，但是“防卫过当”和“避险过当”又可能构成犯罪，即使构罪，也因“防卫过当”和“避险过当”的起因仍然体现了犯罪人的主观恶性和人身危险性比较轻，犯罪人值得宽宥和同情。有学者认为，对因“防卫过当”或“避险过当”而构成犯罪的行为人，应当尽可能地适用缓刑。理由是这些行为人主观恶性较小或者没有，适用缓刑也能满足特殊预防的效果，对“防卫过当”者适用缓刑还能鼓励广大群众同不法或犯罪行为积极作斗争，笔者对此也是赞同的。司法实务界也不乏防卫过当被判处缓刑的实例，如2017年4月，黑龙江省富锦市交警大队事故中队的走廊里，黄某和冯某为各自亲友的交通事故协商，双方因赔偿问题发生口角，冯某掏出随身携带的尖刀将黄某腹部刺伤，黄某抢下尖刀后将冯某刺伤，致冯某当场死亡。法院一审判决黄某犯故意伤害罪，判处有期徒刑6年。黄某不服，提出上诉。后二审法院认定反杀者黄某行为系防卫过当，决定撤销一审判决，改判有期徒刑3年，缓刑5年。

犯罪中止区别于其他犯罪未完成形态的主要特征就在于，行为人是自动放弃了犯罪或自动有效地防止犯罪结果的发生。这个“自动”即体现了犯罪人积极挽救、修复受损社会关系的意图，其主观恶性和人身危险性相对较轻，且危害结果未造成，可以评价为“犯罪情节较轻”。对于犯罪中止，各国均有应当减免处罚的奖励性规定。例如我国《刑法》第 24 条规定，“在犯罪过程中，自动放弃犯罪或者自动有效地防止犯罪结果发生的，是犯罪中止。对于中止犯，没有造成损害的，应当免除处罚；造成损害的，应当减轻处罚。”现行《日本刑法典》第 43 条规定，“基于自己的意志中止犯罪的，应当减轻或者免除处罚。”现行《德国刑法典》第 24 条第 1 款规定，行为人自愿地放弃行为的继续进行或者阻止其完成的，不因其曾着手构成要件的实现而受处罚。之所以有这样减免刑罚的奖励性设置，主要是基于犯罪人主观心态的表现，其对自己犯罪行为的否定与反悔，直接反映主观恶性、社会危险性和再犯可能性较低，具备了犯罪情节较轻的实质性条件，所以对中止犯适用缓刑，其对教育矫正措施的接受与配合程度较高，符合缓刑的基本目的。另外，对于社区群众与社会公众而言，相比已完成犯罪造成一定危害后果的犯罪人，他们更易接纳中止犯适用缓刑，缓刑氛围与环境对犯罪人的教育改造更有利，有助于早日回归社会。

2. 客观方面

（1）法益。关于法益和犯罪客体，一直是刑法理论学界研究犯罪构成要件时拿来比较的重点。犯罪客体是我国传统刑法理论认定的犯罪构成要件之一，从特定方面揭示犯罪的本质特征，但随着阶层犯罪论体系的拥护者日益众多，法益越来越受到理论与实务的关注，甚至在很大程度上取代了犯罪客体的位置，言犯罪必称法益。在德日等大陆法系国家刑法理论中，侵犯法益是犯罪的本质特征，与犯罪属于同等地位的概念。犯罪客体是我国刑法所保护的、为犯罪行为所侵害的社会关系。犯罪客体是平等的，为刑法所保护的各体社会关系，不存在轻重缓急之别；但法益的两个核心要素“法、利益”揭示了法益是法律保护的利益，既然是利益，则可以大致区分轻重缓急，这也是为什么法益可以作为判断犯罪情节轻重的条件之一。

这里研究的法益影响犯罪情节涵盖两层意思：一是法益本身较轻。不同犯罪侵犯的法益是不同的，虽然近年来法益有精神化、抽象化的趋势，但基本上能够做到类型化。我国刑法分则将犯罪行为分类规定，实质上也体现了法益类型化的特征，如危害国家安全类、破坏社会主义市场经济秩序类、侵犯公民人身权利、民主权利类、侵犯财产类、贪污贿赂类等。有的法益“天生自带”重罪属性，如故意杀人罪、抢劫罪、分裂国家罪等，这些类型的犯罪如果没有主客观、罪前罪中罪后较轻情节的话，是难以适用缓刑的；有的法益让公众感觉虽然也受刑法保护，但对犯罪人的心理反感程度并不是特别高，如醉驾（未出事故）、走私淫秽物品、虚假广告罪等，这些类型的犯罪适用缓刑的几率比较高；二是法益被侵害的程度较轻。关于这点，有观点认为，“犯罪情节较轻”实际就是指法益侵害程度较轻。[①] 显然该观点对“犯罪情节较轻”的理解不够全面，但也说明法益在评价“犯罪情节较轻”中的重要性。如前所述，有的法益虽然“天生自带”重罪属性，但如果犯罪人参与程度不深、系从犯或胁从犯等对法益侵害较小的客观情节，如果这些都能作为量刑情节予以从宽处罚，自然有适用缓刑的可能。

（2）犯罪手段。犯罪构成的核心要件之一即犯罪行为，没有犯罪行为就不可能构成犯罪。犯罪手段即在实施犯罪行为过程中动态表现出来的方式、工具及措施等的总称，这个过程体现了犯罪分子的社会危害性和人身危险性。犯罪手段在有些犯罪中系犯罪构成要件，在有些犯罪中作为量刑考量因素。总之，在评价犯罪行为时，不可能不考虑犯罪手段。相同罪名的犯罪行为，犯罪手段千差万别，如故意杀人罪，犯罪分子是一刀毙命还是采用暴力手段折磨致死，显然后者的犯罪手段体现出来的主观恶性更大。犯罪手段还包括犯罪环境、犯罪地点、犯罪对象等，如强奸罪，犯罪手段“暴力、胁迫或者其他手段”是构成要件要素，但“在公共场所当众”（犯罪地点）、“奸淫不满十周岁的幼女”（犯罪对象）直接导致量刑往上调一个幅度。

（3）危害结果。危害结果是法益的具体化，即造成法益侵害及其危险的结果。根据结果无价值论的观点，这里的“结果”，不仅指现实的法益侵害，还包括法益侵害的危险。按照马克昌教授的观点，犯罪所造成的后果有狭义和广义之分，前者指犯罪行为造成的损害存在于部分犯罪之中，后者指犯罪行为造成的损害存在于一切犯罪之中。[②] 显然在评价“犯罪情节较轻”时，我们研究的是狭义的犯罪后果，犯罪危害后果是犯罪构成要件的一部分，也直接体现

---

① 黄甜：《论缓刑的条件》，西南政法大学硕士论文，2015 年 5 月。

② 马克昌：《刑法学》（第九版），北京大学出版社 2019 年版。

了犯罪行为的危害性程度、犯罪分子的社会危害性与人身危险性。这里要厘清的一个观点是，并非造成法益侵害的危险就轻于现实的法益侵害结果，前者只是没有造成实际的结果，但刑法之所以使其入罪，必定是保护的法益特别重大，仅处于危险状态下都是不被允许的。我国刑法在危害公共安全罪中有多个条文规定了危险犯，如放火罪、决水罪、爆炸罪、投放危险物质罪、破坏交通工具罪、暴力危及飞行安全罪等，都是典型的危险犯，他们是因为使用的犯罪方法特别危险或者侵害的对象特殊而受到刑罚处罚。因此，不能认为没有造成危害结果，仅造成法益侵害的危险就认定为“犯罪情节较轻”。

（4）犯罪的特殊形态。犯罪预备、犯罪未遂及犯罪中止都属于犯罪的特殊形态，其中犯罪中止是自动放弃犯罪或者自动有效地防止犯罪结果发生，关键点在于“自动”，更倾向于是一种主观的表现形式，因此，笔者将犯罪中止放在主观方向予以论述。这里探讨的是犯罪预备、犯罪未遂、不能犯这三种，更多地表现在客观方面的犯罪特殊形态，这三种犯罪特殊形态有一个共同的重要特征，即没有发生危害结果。

犯罪预备是为了犯罪，准备工具、制造条件，但由于行为人意志以外的原因而未能着手实行犯罪的犯罪特殊形态。只有当行为对法益具有一定的抽象危险时，才可能认定为预备犯。我国刑法虽然原则上处罚犯罪预备，但在司法实践中，处罚犯罪预备是极为例外的现象。原因在于犯罪预备行为不能直接对法益造成侵害结果与具体危险状态，且行为人随时可能放弃犯意，如果广泛处罚预备行为，反而可能促使行为人着手实行犯罪。另外，很多犯罪预备行为就是日常生活的一种，为社会所认可，司法机关证明系犯罪预备行为难度太大，如行为人买菜刀为了杀人，买菜刀这个行为并不为社会生活所禁止。因此，很少有犯罪预备行为纳入犯罪来评价，即使纳入评价，也会认定为“犯罪情节较轻”，少有处罚；犯罪未遂是已经着手实行犯罪，由于犯罪分子意志以外的原因而未得逞的。相较犯罪预备，犯罪未遂已经更进一步，直逼法益侵害的实害或者危险了。虽然是犯罪分子意志以外的原因导致未遂，说明其还是具备相当的人身危险性和主观恶性，具有科处必要。因此，我国刑法原则上处罚所有故意犯罪的未遂，但同时也规定了对于未遂犯，可以比照既遂犯从轻或者减轻处罚。由于未发生构成要件所要求的危害结果，在司法实践中，对于未遂犯，一般的处罚原则都是轻缓的。

有观点认为，犯罪预备与犯罪未遂这两种犯罪特殊形态并不能反映出犯罪人主观方面情有可原、恶性较轻，所以并无成立“犯罪情节较轻”的合理性，不能适用缓刑。笔者认为，该种观点显然没有全面考察“犯罪情节较轻”，只从主观方面判断是不够的，必须结合客观要件来综合判断如何量刑、选择何种刑罚执行方式。例如，相当一部分故意杀人罪的未遂，在司法实践中被认定为情节较轻（这个问题值得研究，若没有其他表征罪行较轻的情节，笔者认为杀人未遂亦不能评价为情节较轻）。由于责任是对不法的责任，未遂属于客观不法的减轻，也意味着罪行减轻，当然导致被告人所承担的责任相应减轻。再如，被告人基于值得宽恕的动机杀害他人的，虽然客观不法没有减轻，但非难可能性明显减轻，完全可能认定为情节较轻的故意杀人。从这点可以看出，整体上对犯罪情节较轻的评价，主、客观方面的重要性难分伯仲。

因此，司法工作者需要根据主体、罪过、动机、目的等责任要素以及犯罪行为、结果等不法要素，来综合判断是否属于情节较轻，进而选择量刑及执行方式。至于表征特殊预防必要性大小的因素，则是在选择了减轻法定刑之后需要考虑的。

（二）有悔罪表现

悔罪表现是一种良心表现，良心是个体对于自己行为正确与否的价值判断。[①]即使犯罪情节较轻，但犯罪人没有悔罪表现，那么法院就没有理由认定其没有再犯罪的危险，当然不能适用缓刑。可见，“有悔罪表现”是一个承上启下的条件，不容忽视。在犯罪行为进行中和发生后，犯罪人对于自己罪行所持有悔过心理的具体表现，与犯罪分子的主观恶性、人身危险性和社会危害性关系密切。因此，“有悔罪表现”这一标准与“犯罪情节较轻”中的主观方面有区别，也有联系。“犯罪情节较轻”是对犯罪人主观恶性和行为造成危害

---

① 〔美〕默里·斯坦因：《日性良知与月性良知》，喻阳译，东方出版社 1998 年版，第 21 页。

结果的综合评价，侧重于客观事实的角度。“有悔罪表现”侧重的是犯罪分子在犯罪后，能够认识到自身行为的违法性或错误性，并产生悔恨、愧疚等心理。所以，二者有部分相同的内涵，但外延却不同。“有悔罪表现”表现在罪中和罪后。罪中的悔罪表现包括自动中止犯罪行为、积极救助被害人、积极挽救损失以及积极防止危害后果的发生等，整体上可以评价为犯罪中止，前已讨论过，不再赘述。本节讨论的是罪后“有悔罪表现”的内涵和表现形式。

1.“有悔罪表现”的内涵

“悔罪”是指犯罪人在认识到整个犯罪行为的性质和危害后，自己对犯罪行为作出否定评价的心理；“表现”是思想外化于行动中的具体作为。“悔罪表现”重在“表现”，因为言语和行动才在刑法中有实质的意义，内心意思若没有通过言语和行动表达出来，则不具备刑法评价的意义。

悔罪是建立在认罪基础上的，但认罪不必然导致悔罪。目前检察机关大力推行的认罪认罚从宽制度，在案件事实清楚、证据确实充分的前提下，向犯罪嫌疑人宣讲法律和政策，有相当多的犯罪嫌疑人自愿认罪认罚，签署了认罪认罚具结书。但笔者认为，认罪不等于悔罪，很有可能是犯罪嫌疑人为了获得更低量刑建议而表面“认可”，是否实际悔罪则是不确定的。认罪认罚从宽制度可以进一步扩充内涵，将悔罪这一直接评估人身危险性和再犯可能性的标准纳入其中。

2.“有悔罪表现”的表现形式

“有悔罪表现”不是停留在犯罪人口头说“认罪悔罪”，而是有其明确的外在表现形式：

（1）对司法的认可。包括自首、坦白和立功这三种主动将自己置于司法活动中、或高度配合司法活动的行为。

我国刑法规定的自首分为两种，一种是“投案型自首”，即犯罪以后自动投案，如实供述自己的罪行；一种是“到案型自首”，被采取强制措施的犯罪嫌疑人、被告人和正在服刑的罪犯，如实供述司法机关还未掌握的本人其他罪行的，以自首论。无论是哪一中自首，均反映其愿意将自己交付国家追诉，愿意承担刑事责任的心态。此外，犯罪后立即投案还是逃跑一段时间再投案，也能够反映出犯罪人人身危险性和悔罪上的差别。

坦白是指犯罪人归案后，如实供述自己罪行的行为。坦白有两个前提，一是司法机关已掌握了犯罪人的全部或主要犯罪事实，二是犯罪人被动归案。从刑法学意义上说，自首比坦白的悔罪态度程度更深，坦白原为酌定量刑情节，《刑法修正案（八）》增设了第67条第3款，使坦白成为法定量刑情节。

立功表现在犯罪分子有揭发他人犯罪行为或者提供重要线索，从而得以侦破其他案件。笔者认为，立功是否能够直接反映本人犯罪认罪悔罪的态度值得商榷。更多时候，犯罪分子有立功行为是希望司法机关对自己从宽处理而检举、揭发他人，并不涉及其对本罪的态度。当然，从节约司法资源、鼓励所有人同犯罪行为作斗争的角度来看，对认定了立功的犯罪人有从轻、减轻或免除处罚的必要性，至少可以看出其对他人的犯罪行为持否定态度。

以上三种对司法认可的行为均可以从轻或减轻处罚，其中犯罪较轻或有重大立功表现的，甚至可以免除处罚，说明立法者是从犯罪人的悔罪态度、节约司法资源等角度来设置的从宽量刑情节。

（2）对社会关系的修复。一是物质上的修复。如退缴赃款、缴纳罚金、赔偿损失等。使犯罪人遭受物质损失的痛苦，既是司法机关对其处罚的应有之义，也是犯罪人表现悔罪态度、弥补并修复受损社会关系的重要体现。虽然每个犯罪分子缴纳、赔偿能力有差别，但其是否尽其所能，积极主动地承担物质修复，从中可以反映出悔罪态度；二是精神上的修复。如出具悔过书、赔礼道歉等。精神上的修复至关重要，在司法实践中，不乏被害人一方宁可不要赔偿，也必须要“讨一个说法”，让犯罪分子赔礼道歉的案例。犯罪分子如果只是进行物质修复，而无精神修复的行为，也不能表明其有认罪悔罪态度，仍有再犯的可能性，因为对很多富人来说，物质损失的敏感度并不强。

（3）其他表现。如承担社会责任、做义工、勤勉工作和生活等。这些行为间接体现了犯罪分子对其所犯罪行有悔悟、想要重新融入社会的积极态度，往往他们再犯的可能性较小。虽然这些不是法定从宽情节，但可以作为综合情节予以考虑。正如前述美国“缓刑之父”奥古斯塔斯后来向法庭提交的报告：这个青年三周来滴酒不沾，一直勤劳工作，照料祖父，空余时间还去做义工。法官综合考虑这些因素后，宣布释放青年，只象征性地罚款一美分。

（三）没有再犯罪的危险

刑法修正案（八）将缓刑适用条件之一“适用缓刑确实不致再危害社会”改为“没有再犯罪的危险”，虽然都比较模糊，需要司法机关综合评估后预测将来，但后者更明确地提醒注意“再犯罪”这一核心。《中华人民共和国刑法解读》认为，“没有再犯罪的危险”是指对犯罪人适用缓刑，其不会再次犯罪。如果犯罪人有可能再次侵害被害人，或者是由于生活条件、环境的影响而可能再次犯罪，比如犯罪人为常习犯等，则不能对其适用缓刑。[①]刑法学教材中关于“没有再犯罪的危险”，是指综合其犯罪情节和悔罪表现，表明其不具有较大的人身危险性，即使将其放置在社会上，再次犯罪的可能性评价较小。如果有可能再次侵害被害人，或者是由于生活条件、环境的影响而有可能再次犯罪的，则不能适用缓刑。[②]这两个解释都过于简略，基本上只是对字面进行了解读。事实上，“没有再犯罪的危险”这一要件在缓刑适用标准里，可以评价为实质之“实质”。“犯罪情节较轻”“有悔罪表现”的落脚点最终都在“没有再犯罪的可能性”上，司法机关才能放心地对犯罪人适用缓刑进行特殊预防。

“没有再犯罪的危险”预测的关键是人格调查。在我国，法院对被告人判处缓刑前，必须对被告人进行社会调查，也即人格调查。2012 年出台的《社区矫正实施办法》首次明确了审前社会调查评估是社区矫正制度（适用对象包括被判处管制、宣告缓刑、假释和暂予监外执行的罪犯）的前置程序，为法院裁判提供参考意见。2020 年 6 月出台的《社区矫正法》，总体延续了 2012 年实施办法的内容，删除了“一贯表现”，增加了“社会危险性、对所居住社区的影响”的表述。目前立法对社会调查评估制度规定较粗，审前社会调查报告往往滞后于法院判决结果。当然，这是程序法如何调整的问题，本书研究的是实体法上如何完善人格调查。有论著这样解读“没有再犯罪的危险”，一是文义解释字面含义，二是体系解释该要件与其他三个实质要件的

---

① 王尚新主编:《中华人民共和国刑法解读》，中国法制出版社 2011 年版，第 100 页。

② 高铭暄、马克昌主编:《刑法学》，北京大学出版社 2014 年版，第 285 页。

关系，三是历史和体系解释该要件与“确实不致再危害社会”的关系，四是把握不同法律制度里“再犯罪危险”的异同。[①]这个视角从理论上分析了“没有再犯罪的危险”的内涵和处延，但并未提出可操作性的建议。笔者从以下两方面来设定“没有再犯罪的危险”的标准：

1. 罪行的性质

罪行的性质在案卷材料里能够得到全面的反映，可以说是事实清楚、证据确实充分。

（1）故意犯罪还是过失犯罪。区分故意还是过失，意味着犯罪人对所犯罪行的主观心态是完全不同的，一般来说，过失犯罪再犯的可能性较小，因为犯罪结果的发生一般是背反其心理的，非行为人积极主动追求，在以后的行为中大概率会避免再次犯罪。

（2）特殊身份的犯罪。典型的是职务犯罪罪名，犯罪人被定罪量刑后，必然被开除公职，无再犯职务犯罪的可能，这也是为什么轻微职务犯罪案件缓刑率高的重要原因之一。

（3）罪行较轻。无论是行为人的犯罪手段，还是侵犯的法益都比较轻微，关于这点，在本节第一部分的“犯罪情节较轻”中已论述过。

2. 罪犯的特质

这是审前社会调查需要重要考察的事项，罪犯的特质在案卷材料里会有所反映，但并不全面，需要法官自行或委托社区矫正机构来调查。

（1）罪犯的分类，即初犯与再犯、偶犯与惯犯、激情犯与预谋犯等。人们很难相信，再犯、惯犯以及预谋犯在以后的社会生活中，不再继续犯罪；

（2）罪犯的特性。包括年龄、性别、家庭、婚姻、事业、文化、气质、性格、道德、个人习性等，很难判断哪些因素影响再犯的可能性较小、哪些因素影响再犯的可能性较大。但总体上来说，年龄小的（特别是青年）比年长的更易犯罪，男性比女性犯罪概率更高，家庭或婚姻氛围较差的犯罪可能性更大，事业不顺、无业的人更有可能犯罪，文化修养、性格、道德和个人

---

① 赵兴洪：《缓刑适用实质要件研究》，人民出版社 2019 年版，第 77 页。

习性较差的，再犯的可能性也相对更大。另外，不能忽视环境对一个人的影响力。长期生活在食不饱腹、衣不蔽体的环境中，和衣食无忧、良好教育的环境相比，无疑前者更有可能滑向犯罪深渊，毕竟美国“脱口秀女王”奥普拉逆袭的事件不是常态。我们要看到，这些因素不是绝对的，而是相对的，但不容否认的是，法官在评估犯罪人个人特征时，会考虑到这些因素，从而影响到具体裁判。

（3）犯罪人的表现。这主要是考察罪中罪后犯罪人的表现，即本节第二部分的“有悔罪表现”。

（四）宣告缓刑对所居住社区没有重大不良影响

“宣告缓刑对所居住社区没有重大不良影响”是刑法修正案（八）增设的一条，学者们关于此条件是否应当存在有过激烈争论，目前尚无共识。《中华人民共和国刑法解读》认为，该规定是指对犯罪人适用缓刑不会对其所居住社区的安全、秩序和稳定带来重大不良影响。[①]该解读从字面含义解释，没有作实质理解。“重大不良影响”是两方面的，既包括罪犯对所在社区的影响，也包括社区对罪犯的影响。张明楷教授认为，宣告缓刑对所居住社区是否具有重大不良影响，需要根据所犯之罪与社区环境的关系，进行客观判断，不能以社区部分居民反对为由，认定宣告缓刑对所居住社区有重大不良影响。[②]叶良芳教授的观点恰恰相反，他认为，“宣告缓刑对所居住社区没有重大不良影响”主要是一个政策理由，被宣告缓刑的犯罪人会和社区居民接触，因而必须考虑社区居民的感受。如果社区居民对犯罪人在本社区进行社区矫正没有异议，或者虽有异议，但经耐心细致的解释、疏导工作后，同意接受的，则可以决定适用缓刑；如果在经解释、疏导工作后，大多数居民仍然强烈反对的，则不应当决定适用缓刑。[③]这两种观点可以说是相反的，前者几乎不考虑社区居民的意见，而后者以社区居民意见为标准来判断是否适用缓刑，显然都不够全面。

---

① 王尚新主编：《中华人民共和国刑法解读》，中国法制出版社2011年版，第100页。

② 张明楷：《刑法学》（上）（第五版），法律出版社2016年版，第615页。

③ 叶良芳：《缓刑适用应受责任刑的制约——以国内最大基金老鼠仓案为分析重点》，载《法学》，2014年第9期。

笔者认为，若所犯之罪针对的是其所在社区，或者被害人、证人等利害关系人居住在同一社区，则需要重点考虑适用缓刑有可能造成“重大不良影响”。人是社会的动物，犯罪人所居住的社区、环境如果曾是其犯罪地，或者被害人、证人居住在此，那么罪犯很有可能受到刺激、挑衅、不友好对待而再次引发犯罪。反之，对社区、被害人和证人也是一样，把与他们有利害关系的罪犯放在社区执行缓刑，会带来他们的不安感，伤害他们的法感情。特别是在此前提下，社区及居民出现了大规模的对立情绪时，法官就必须要考虑到“重大不良影响”这一可能性了。

除此之外，可以参考张明楷教授的观点，“不能以社区部分居民反对为由，认定宣告缓刑对所居住社区有重大不良影响。”有的社区居民以“犯罪示范效应”为由抵制对罪犯在所在社区适用缓刑，实际上，“犯罪示范效应”可以通过宣告禁止令、严格监督等方式消除，我国刑法规定，“宣告缓刑，可以根据犯罪情况，同时禁止犯罪分子在缓刑考验期限内从事特定活动，进入特定区域、场所，接触特定的人。”这可以最大程度上避免犯罪未范效果。有的社区居民以影响社区声誉，甚至是影响物业价值为由抵制对罪犯适用缓刑，这种顾虑不属于刑法考虑范围，能够适用缓刑的罪犯就意味着满足了缓刑实质要件，根本不可能对整个物业价值有影响。谈于此，笔者还想强调一下，目前我们民众需要树立起一个理念：犯罪嫌疑人、被告或罪犯也应被公平对待，他们被定性为罪犯受到刑事处罚，是基于他们之前的犯罪心理和行为，但如果能得到有效改造，民众应该配合或接纳使其回归正常社会，不少学者在研究“再犯比例高”的原因时已阐述过“不少罪犯再犯的原因之一是因为社会不接纳”。

三、“被害人因素”应成为缓刑适用的应然要求

我国刑法在设置缓刑制度时并未纳入“被害人因素”，但被害人是犯罪行为直接作用或影响的对象，对他们而言，国家如何惩处罪犯至关重要。如果忽略被害人的感受，我们的缓刑制度难以发挥最优功效。从刑事法律关系的角度来讲，被害人处于权利人的地位，属于重要的利益方，但被害人在刑

法中的地位以及发挥的作用十分有限。一直以来，刑法的研究集中在犯罪人，特别是适用缓刑时，被害人权益的保障与诉求的表达相对滞后。如前述张明楷教授的观点，亦未重点将被害人权益考虑在内。笔者认为，除了前述的实质要件，在对犯罪人适用缓刑时有必要将“被害人因素”纳入其中。

（一）被害人的定义和范畴

首先谈谈被害人的范畴，被害人的范畴有狭义说与广义说之分。狭义说的被害人，指“直接遭受犯罪行为侵害，承担犯罪行为造成危害结果的自然人和法人。”这也是司法实践以及理论研究中最常持有的理念。所以有的司法人员在办理某些类型的案子，如赌博、组织卖淫、受贿等类型案件中，习惯性地认为没有被害人；广义说依据原因与对象的不同，而分为原因广义说和对象广义说两类。“原因广义说”认为，只要是来自非本主体的损害就是被害，称之为“被害人”。由此推论，除了人类社会的因素以外，自然界所造成的暴雨、飓风、地震、洪水、严寒、酷热等均可产生被害与被害人。此外即使来自人类社会的因素，如战乱等所造成的侵害对象也认为是被害人；“对象广义说”认为，不仅应研究自然人个体，还应当研究法人、团体、国家、社会甚至民族的被害问题。从国际上对犯罪被害人研究对象的产生发展过程来看，也是从窄到宽的过程。①德国犯罪学家汉斯·施奈德认为，“受犯罪行为侵犯、危害或损害的被害人，可能是某个人、某种团体、道德规范或法律制度……被害人可能是非物质、无形的或抽象的（如作为整体的社会、信仰、国家）。”②上述观点中，狭义说首先被排除，现代风险社会中，不仅仅是直接被犯罪行为作用的人才是被害人，该学说已不能满足现代刑法学的需要；“原因广义说”有一定的合理性，因为在日常生活的语境中，被害人是受害人的同义语，但在本书关于缓刑适用问题中讨论没有意义。

随着被害人学说的发展，学界提出了关于“无被害人犯罪”的被害人理论，他们认为，虽然某些行为被刑法禁止，但行为双方是认可的，在这些类型的犯罪中，不存在被害人，也被称为“无控告人犯罪”。如赌博、贩卖毒

---

① 佘博通：《我国缓刑适用研究》，吉林大学 2014 年博士学位论文。

② 〔德〕施奈德主编：《国际范围内的被害人》，许章润等译，中国人民公安大学出版社 1992 年版，第 5 页。

品等，虽然行为相对方肉体、精神或物质受到损失，但是他们非但不把自己看作犯罪的受害者，反而持支持态度。①笔者认为，这种论点是不成立的，因为仅把被害人限定在自然人，且是犯罪行为互动的双方，确实难以定义被害人。但是，我国刑法第 2 条明确规定，“中华人民共和国刑法的任务，是用刑罚同一切犯罪行为作斗争，以保卫国家安全，保卫人民民主专政的政权和社会主义制度，保护国有财产和劳动群众集体所有的财产，保护公民私人所有的财产，保护公民的人身权利、民主权利和其他权利，维护社会秩序、经济秩序，保障社会主义建设事业的顺利进行。”从中可以看出，刑法保护的对象，除了公民个体，还有社会、国家等。比如近年来，作为检察机关“四大检察”业务之一的公益诉讼，即是检察机关为了保护公共利益，根据民事诉讼法、行政诉讼法等法律规定，对国有财产保护、国有土地使用权出让、英烈权益保护等领域损害国家利益或者社会公共利益的案件，提起诉讼。在这些类型的案件中，可能没有具体的被害人，但检察机关为了国家和社会公共利益提起诉讼，说明这些行为严重危害了社会秩序，败坏社会道德，腐蚀人们的思想，威胁社会的正常生活和秩序。从这个角度讲，没有个体被害人不等于没有被害人。正如走私犯罪一样，它的被害人是整个国家，与每个公民的利益息息相关。

综上，被害人的定义是指因犯罪行为使合法权益遭受损失的一切对象，其范畴包括两类：一是指由于犯罪行为而使其合法权益遭受到损害的个人、单位；二是因犯罪行为而受到严重危害的国家、社会。事实上，各国刑法所规定的各种罪名中，危害国家安全、破坏经济秩序、社会管理秩序、贪污贿赂等犯罪均秉持严厉惩处的司法理念，之所以如此规定，一方面在于巩固国家政权，促进经济发展，保卫国家、社会的安全和稳定；另一方面，危害国家、社会利益的犯罪也会直接或间接危害民众的根本利益。因此，把国家和社会作为无形被害人进行研究，对于整个被害人学的研究具有非常重要的理论价值和实践意义。笔者赞同“对象广义说”。

---

① 张蕊：《无被害人犯罪犯罪化问题的法理学透视》，吉林大学 2017 年硕士论文。

（二）被害人在缓刑适用中的作用

一是促进矛盾化解之义。缓刑作为刑事责任实现方式的一种，平息由犯罪导致的犯罪人与被害人的对立状态，恢复被破坏的法秩序是其基本任务所在。但是，在很多民众眼里，缓刑轻缓化的执行方式几乎等同于“无罪”。作为被害人一方，当然觉得其复仇、正义的情绪没法得到疏解，因此双方对立容易加剧，不仅不利于犯罪人的改造和法秩序的恢复，甚至有可能激化产生新的矛盾；二是避免执行风险之义。缓刑采用社会化的执行方式，不同于送监后完全隔离于社会。因此，在缓刑执行中，罪犯对被害人、证人或举报人打击报复，或者被害人对罪犯复仇的情形均有可能发生，被害人反成为罪犯。因此被害人在缓刑适用的整个过程中，具有相当重要的作用，我们不仅应当赋予其在缓刑适用中的独立地位，而且应使其在缓刑适用的各个环节中发挥相应的作用；三是评估“悔罪表现”之义。这里要结合前述关于犯罪人有“悔罪表现”一节讨论，犯罪人无论是对被害人物质上的补偿，还是精神上的修复，都是事后悔罪表现。如果犯罪人真心悔罪，并表现在行动上，那么被害人的感受比任何旁人都更深刻。因此，在适用缓刑时充分考虑被害人因素，也能印证缓刑的实质要件。

（三）被害人如何参与缓刑制度

我国《刑事诉讼法》以立法肯定了被害人在刑事诉讼中的当事人地位，为被害人独立表达诉求提供了法律上的身份。但司法实践中，由于公权力代表被害人追诉犯罪，被害人几乎是不参与诉讼过程的，被害人当事人的地位方面还存在很多不足和亟待完善的地方。既然被害人是刑事程序的参与者和启动者（公诉案件中，被害人向国家机关揭发犯罪行为，描述犯罪事实并提出追诉犯罪人的要求；自诉案件中，被害人以自己的身份直接向法院提起诉讼，要求法院惩罚犯罪人），那么，被害人对是否适用缓刑提出意见是保障其当事人地位的应有之义。

1. 保障知情权

在缓刑适用的过程中，被害人有权从司法机关处获得关于缓刑适用实体规定、程序进展的相关信息。被害人一般不是法律专业人士，司法机关如何定罪、量刑及适用刑罚、缓刑的具体内容，有必要通过一定方式让被害人知晓并理解，即我们常说的做好释法说理工作。知情是保障被害人参与缓刑适用和缓刑监督的前提，只有知晓才能监督。在社区矫正机构履职过程中，由于人手、专业及其他因素影响，不排除监督不到位的情况，如果被害人也能参与其中，无疑能更大力度地督促犯罪人遵守规则、积极改造。但是，我国的司法实践中，司法机关是包揽了绝大部分被害人权利的，被害人有被边缘化的趋势。这样的刑事司法模式当然有其优点，可以最大限度地发挥公权力的优势地位打击犯罪，但实质上被害人才是直接利害关系人，应发挥其在司法过程中的作用。因此，明确司法机关在缓刑适用中向被害人告知的义务，履行完备的告知程序成为司法机关适用缓刑的必备内容，是司法机关充分保障与维护被害人在缓刑适用中各项权利的基础性要件和前提，告知以书面形式为宜。

2. 保障出庭权

被告人在庭上有最后陈述权，但被害人没有。虽然检察机关是代表国家行使公诉权力，发表公诉意见，但这是检察机关站在国家公诉人的身份和立场上，至于被害人的所思所想，则不一定为公诉人所了解。因此，法庭庭审中，赋予被害人出庭并陈述有关案件事实及意见的权利（注意，是权利而不是义务，被害人根据自身情况，有权利选择不出庭发表意见），让被害人有一种尊严感和被尊重感，消除其对适用缓刑的抵触心理，同时也让司法机关对是否适用缓刑有更全面、更准确的判断标准。

3. 保障监督权

被害人获得知情权、出庭权后，一定会对缓刑内容有相当的了解，在某些缓刑适用中，还可以根据犯罪情况，同时禁止犯罪分子在缓刑考验期限内从事特定活动，进入特定区域、场所，接触特定的人。犯罪分子在社区矫正机构的监督下进行改造，难免有所疏漏，探索被害人参与监督缓刑执行程序，有利于犯罪分子更能积极改造。如被害人知晓犯罪人违反了某项特定要求时，如何反映、向谁反映，后续如何处理等，目前我国的刑事诉讼法律对这些都是没有规定的。

第三节　排除条件

缓刑适用的排除条件，是指法律明文规定不得适用缓刑的情形。形式和实质要件从正面解读了缓刑适用的条件，排除条件则是从反面解读缓刑适用的条件，正反结合，才能更全面地把握缓刑制度的立法精神和司法适用。

一、缓刑适用排除条件的域外考察

某些犯罪行为的形式和实质要件貌似满足缓刑适用条件，但从其主观恶性、行为模式可以推论出犯罪人不易被改造，预示了其不适合在羁押场所外执行刑罚。因此不少国家的刑法对缓刑适用的排除条件作了专门规定，概括起来，主要有两个方面。

（一）犯罪人自身的危险性

《意大利刑法典》第 164 条规定，被宣告为重罪或者违警惯犯或者职业犯的，以及由于犯罪人被法律推定为具有社会危险性的人，应当在刑罚以外附加适用人身保安处分的，不得适用缓刑。被宣告为重罪说明罪犯的主观恶性、行为后果是比较严重的，放在监外执行刑罚肯定难以罚当其罪；惯犯和职业犯昭示罪犯难以改造，再犯可能性大；被法律推定为具有社会危险性的人，应当在刑罚以外附加适用人身保安处分的罪犯，因其自身的危险性，则更无适用缓刑的必要。意大利刑法典的立法精神也为大多数国家认可，规定了类似的缓刑适用排除条款。

（二）一定时间内曾经被判处刑罚

简单地说，即罪犯曾有前科。对于有前科的罪犯，各国刑法一直规定是从重处罚情节，因为从犯罪心理学、犯罪行为学研究的角度来看，他们极有可能再次实施犯罪。关于“一定时间内曾经被判处刑罚”，各国的规定不一，主要有三种。

1. 规定了时间

《法国刑法典》第 132–30 条规定，在重罪和轻罪方面，只有被告人在其犯罪行为前 5 年内未因普通法之重罪或者轻罪判处徒刑或者监禁刑者，始得命令缓刑。《韩国刑法典》第62条也规定，曾被判处徒刑以上的刑罚，刑罚执行完毕或者被免除后未满5年的，不得缓刑。[①] 日本刑法也有类似的规定，“5年”这个时间节点是很多国家缓刑排除适用的分水岭。

2. 规定了刑罚

如《日本刑法典》第25条规定，以前曾被判处过监禁以上刑罚，执行完毕或者获得免除执行之日起5年内又被判处监禁以上刑罚的，原则上不得缓刑。但同时又规定了例外，即“以前被判处过监禁以上的刑罚而轻缓刑的人，被判处1年以下的惩役或者监禁的，具有应当特别斟酌的情节时，也可以缓刑。”我国台湾地区刑法典也有类似规定。

3. 规定只要被判处过某些刑罚，便不得适用缓刑

这是最严的一种立法例，如《意大利刑法典》第164条的规定，犯罪人只要以前曾因重罪受到过监禁刑处罚的，即使已经被宣告复权，也不得适用缓刑。[②]

我国刑法规定，对于累犯和犯罪集团的首要分子，不适用缓刑。其中对于累犯不适用缓刑的规定，包括了上述三种情形，既有时间规定（5年或永远），又有刑罚规定（有期徒刑以上），还有罪名类型的规定，如特别累犯规定的“危害国家安全犯罪、恐怖活动犯罪、黑社会性质的组织犯罪的犯罪分子”。从域内外刑法关于缓刑排除条件的规定来看，都是比较笼统、模糊的，法律把更大的裁量权交到了法官手里，需要法官来判断是否能够适用或排除缓刑。

二、我国缓刑适用排除条件的内涵与完善

我国刑法第74条规定，对于累犯和犯罪集团的首要分子，不适用缓刑。除此之外，尚无立法上的排除适用缓刑规定。累犯是针对犯罪历史，前后都是故意犯罪，说明其人身危险性较大、反社会的主观恶意较深、再次犯罪的可能性较高，判处缓刑显然不符合实质要件；犯罪集团首要分子针对所犯现

---

① 金昌俊：《韩国刑法总论》，社会科学文献出版社2016年版。

② 左坚卫：《缓刑制度的理论与实务》，中国人民公安大学出版社2011年版，第93页。

罪，犯罪集团不同于普通的共同犯罪，更不同于“单枪匹马”的个人犯罪，能够被界定为犯罪集团的，都具有高度的组织特征和造成了严重的危害后果，作为犯罪集团的首要分子，其人身危险性不容忽视。

（一）累犯不适用缓刑

我国刑法关于累犯分为一般累犯和特殊累犯。一般累犯是指被判处有期徒刑以上刑罚的犯罪分子，刑罚执行完毕或者赦免以后，在5年以内再犯应当判处有期徒刑以上刑罚之罪，但是过失犯罪和不满18周岁的人犯罪的除外；特殊累犯是指罪犯在刑罚执行完毕或者赦免以后，无论经过多长时间再次犯罪，其特殊性在于前罪和现罪都是危害国家安全犯罪、恐怖活动犯罪、黑社会性质的组织犯罪。前者有刑种、时间、主观和年龄的限制，后者只有罪名限制。之所以明确规定累犯一律不适用缓刑，就是考虑到与初犯、偶犯相比，累犯的再犯可能性更大，前次刑罚的特殊预防没有震慑到累犯，没有起到应有的效果。许多国家的刑法均对累犯进行严厉制裁，如有的国家刑法采取从重处罚主义，在责任刑以内从重处罚；有的国家采取加重处罚主义，在法定刑以上判处刑罚；有的国家在对累犯判处刑罚的同时，科以保安处分；有的国家直接对累犯宣告不定期刑，只有改善后才予以释放。①

（二）犯罪集团的首要分子不适用缓刑

犯罪集团，是指为了共同实施犯罪、3人以上的固定犯罪组织，主要有以下特征：1、3人以上，重要成员固定或基本固定；2、经常预谋并纠集在一起，进行一种或数种严重的刑事犯罪活动；3、有明显的首要分子；4、对社会危害严重。犯罪集团的首要分子，是指在该集团中起组织、策划、指挥作用的犯罪分子。首要分子可以是1名，也可以是多名，应该对整个集团经过预谋、有共同故意的全部罪行负责。《刑法》第26条第3款规定：“对组织、领导犯罪集团的首要分子，按照集团所犯的全部罪行处罚。”首要分子是犯罪集团的核心，没有首要分子的组织与领导，犯罪集团不可能形成并发展壮大；集团成员以首要分子为核心紧密结合，并在首要分子的策划、指挥下实

① 潘丽娜:《我国累犯制度疑难问题研究》，中国政法大学刑事司法学院2017年10月硕士学位论文，第5页。

施各种犯罪行为，只要没有超出首要分子的主观概括故意，其均要承担责任。所谓“擒贼先擒王”，如果司法机关只查处了犯罪集团的某个或者某些成员，并不影响犯罪集团的存续；如果司法机关查处了犯罪集团的所有首要分子，那么犯罪集团往往会立即瓦解。

所以，犯罪集团的“首要分子”必须成为司法打击的重点：一是犯罪集团及其首要分子是司法机关查处的重点对象；二是对犯罪集团的首要分子应当从严处罚。犯罪集团对任何社会来说都是一颗“毒瘤”，作为掌控全局的首要分子，毋庸置疑有较大的人身危险性、反社会性和破坏性，无论是从罪刑相适应角度，还是民众朴素的法感情出发，适用缓刑都是不合时宜的。

（三）对缓刑适用排除条件的完善

我国刑法关于适用缓刑与排除适用缓刑之间的范围，是存在一定“空白地带”的。满足缓刑实质要件，且不满 18 周岁的人、怀孕的妇女和已满 75 周岁的人，应当宣告缓刑。对于前述情况，同时认定为累犯，如何处理？如果行为人由于长期被欺凌、忍无可忍而激情犯罪，这种情形下，即使有前科，也并不能说明犯罪人的特殊预防必要性更大，从重处罚不一定适当。

笔者认为，虽然我国刑法明文规定了对累犯应当从重处罚，但在这种情形下，法院从重处罚应当慎之又慎。必须通过考察犯罪原因、刑罚执行完毕与再次犯罪的周期长短、再犯可能性等因素，来决定从重的幅度、刑种的选择以及执行方式。另外，我国刑法也规定，对于累犯属于过失犯罪和不满 18 周岁的人，可以不从重处罚。这是否可以理解为，过失犯罪、不满 18 周岁的人累犯，是可以适用缓刑的呢？我国刑法有必要将怀孕的妇女和已满 75 周岁的人也纳入累犯可以不从重处罚的范围，这样才能够保证处罚标准的统一性。

第三章　我国缓刑适用的司法现状

随着经济的发展、社会和文明的进步，我国的犯罪结构也发生了较大变化，20年来重罪比例持续下降，目前轻罪已占到全部犯罪的80%以上，重刑主义不再是主流的正义观念，刑罚轻缓化日趋深入人心，大家越来越认识到刑罚的功能不是限制和隔离，我们考虑得更多的是如何预防再次犯罪和接纳罪犯回归社会。近年来，我国缓刑呈现如下特点：一是适用比例逐年增高。2016年度和2017年度，全国法院缓刑适用的平均水平分别为29.20%和30.12%[①]；二是适用缓刑的效果良好。有学者统计，在缓刑考验期间，因犯新罪、发现漏罪以及严重违反缓刑规定被撤销缓刑的比例很低，且缓刑考验期满后的再犯率远远低于监禁刑刑满释放后的再犯率。[②]

第一节　缓刑的裁量

虽然刑法明确规定了缓刑适用的形式要件、实质要件和排除条件，但由于这些条件过于概括性和原则性，因此司法裁量中，具体案件能否适用缓刑仍是千差万别，主要体现在缓刑适用的标准不统一、不平衡，以及法官的自由裁量权过于随意。

一、缓刑裁量的"隐形标准"

司法实践中，对累犯和犯罪集团的首要分子不适用缓刑这一标准是统一的。除此之外，可以被判处缓刑的犯罪分子、案件类型却不尽相同，在满足缓刑的形式和实质要件后，法官还会考虑判决前对犯罪分子适用的是何种强

---

① 关昕：《我国缓刑制度适用的现实困境与完善举措》，载《江西社会科学》，2018年第11期。

② 薛淑兰、王卫、魏磊：《缓刑适用实证研究》，载《人民司法》，2010年第9期。

制措施、犯罪分子是本地还是外地、有无正当职业和固定住所、判决时刑事政策的规定等。

（一）强制措施对缓刑适用的影响

我国的刑事强制措施包括拘传、取保候审、监视居住、拘留、逮捕五种。其中，最严厉的强制措施是逮捕。“对有证据证明有犯罪事实，可能判处徒刑以上刑罚的犯罪嫌疑人、被告人，采取取保候审尚不足以防止发生社会危险性的，应当予以逮捕。”被检察机关或法院批准或决定逮捕的犯罪嫌疑人，至少已经满足了“可能被判处徒刑以上”“非羁押不足以防止发生社会险性”，特别是后者，暗示了犯罪嫌疑人更适合被羁押状态。因此，被逮捕的犯罪嫌疑人在判决时适用缓刑的几率较小。反之，审前未被羁押的被告人，适用缓刑的几率较大，缓刑与强制措施的适用有着直接的关联。事实上，在司法机关评估对犯罪嫌疑人采取何种强制措施时，也会综合评估“犯罪情节、悔罪表现、社会危险性”这些类似缓刑的实质要件。如下表所示：

某市 J 区人民法院适用缓刑时取保候审犯罪人情况统计

年份	适用缓刑的人数	判决前被取保候审人数	取保候审判处缓刑的比率
2015 年	138 人	113 人	81.88%
2016 年	149 人	123 人	82.55%
2017 年	152 人	136 人	89.47%

从上表数据可以看出，2015 年至 2017 年某市 J 区人民法院判处缓刑的犯罪人中，在法院判决前已经被取保候审的分别有 113 人、123 人、136 人，占全部被判处缓刑罪犯人数的比例分别为 81.88%、82.55%、89.47%，可见，取保候审措施的使用对判处缓刑影响显著。[①]再如，根据辽宁省 D 县法院缓刑适用的数据显示，以 2015 年 –2019 年为例，审前取保候审的 1212 人中，被判处缓刑的为 583 人，缓刑适用率为 48.10%；审前被刑拘、逮捕的 2035 人中，

① 陈雪艳：《缓刑适用问题与对策研究——以某市 J 区人民法院缓刑案件为样本》，华中师范大学 2018 年 5 月硕士学位论文。

被判处缓刑的为 501 人，缓刑适用率仅为 24.62%。①

笔者认为，取保候审只是作为强制措施的一种程序性规定，从逮捕到判决这一过程中，有可能发生诸多影响量刑的情形。但是，部分司法工作者受陈旧司法理念如“构罪即捕”“一关了之”“不捕不诉案件是重点评查对象”等的影响，我国的审前羁押率非常之高，很多不一定适合羁押的犯罪嫌疑人被逮捕、关押直至判决。法官在判决时，即使认为被告人基本符合缓刑条件，但也因为羁押时间的缘故，而对被告人不适用缓刑，以相对短的自由刑代替。因此，法院最终判决时，还是要从实体上综合考虑能否适用缓刑，尽量与取保候审这种强制措施保持相对的独立性。符合取保候审条件的犯罪嫌疑人，不一定可以被判处缓刑；判决前被羁押的犯罪嫌疑人，也可以适用缓刑。

（二）户籍地、住所和职业等对缓刑适用的影响

在司法实践中还有这样的习惯性做法，户籍地和住所在本地的罪犯比外地的罪犯适用缓刑的几率更高；案发前有固定、正当职业的罪犯比无业罪犯更易被判处缓刑。即司法实践中倾向于对外地人和无业人员不适用缓刑，理由是外地人和无业人员无法监管。法律规定的缓刑形式和实质要件，对于个人评价方面只应针对人身危险性和再犯可能性，并无户籍地、住所和职业之分，只要符合法律规定的缓刑适用条件，均应同等适用。司法机关不能因被告人是外地或无业人员，认为无法进行监管而不适用缓刑，这违背了法律面前人人平等的原则。况且，对缓刑人员的监管、考察，是缓刑执行的一种措施，有无条件监管是缓刑执行需解决的问题，而不是能否适用缓刑应当考虑的事项。因此，对于犯罪的外地或无业人员，也应当根据法律的规定，依法适用缓刑，否则有司法不公之嫌。

根据辽宁省 D 县法院缓刑适用的数据显示，以 2015 年 –2019 年为例，本地户籍的 2808 人中，被判处缓刑的为 930 人，缓刑适用率为 33.20%；外地户籍的 561 人中，被判处缓刑的为 159 人，缓刑适用率仅为 28.34%，且后者被判处缓刑率每年都稳定地低于前者。这就说明在 D 县的审判过程中，的确

---

① 孔婷婷：《辽宁省 D 县缓刑适用情况调研报告——以 2015 年—2019 年刑事判决书为分析样本》，辽宁大学 2020 年 5 月硕士学位论文。

存在对户籍问题的考量。另外，在审查批准逮捕阶段，犯罪人是本地还是外地户籍也会影响强制措施的适用。一般来说，对罪名相同、情节相似的犯罪人，本地户籍犯罪人更容易被取保候审，而外地户籍犯罪人则更可能被刑拘。检察机关在批准或决定逮捕措施时，也不得不考虑前期刑拘强制措施的运用，以及后续能否监管、能否及时到案的问题。同样，到了审判阶段，法官也会倾向性地认为本地户籍犯罪人适用缓刑后更容易监管，而外地户籍犯罪人则不具备这个优势，法官在考量异地监管存在的不确定性和执行衔接较困难等问题之后，很难大胆地决定对外地户籍犯罪人适用缓刑。①

值得注意的是，随着人权思想在法治领域进一步体现，很多地方都在积极探索各种实施办法保障司法公正。如浙江省丽水市中院针对外地籍被告人羁押率过高导致缓刑适用率偏低的现状，与该市检察院、公安局联合制发了《关于外来人员刑事案件适用非羁押性强制措施的若干意见》，规定预备犯、中止犯或者避险过当、防卫过当的，主观恶性较小的初犯，在共同犯罪中的胁从犯、从犯，有自首、立功表现或者积极退赃、赔偿经济损失、确有悔罪表现的，犯罪嫌疑人与被害人达成刑事和解，已经履行或提供担保的，犯罪嫌疑人系未成年人或者在校学生，有悔罪表现，具备监护、帮教条件的，年满 75 周岁以上的老年人等六种情形，可认为没有逮捕必要；对外来犯罪嫌疑人或未成年外来犯罪嫌疑人的监护人在本地有相对稳定的工作或相对固定的住所，能够缴纳保证金或者提出符合条件的保证人，应当适用取保候审条件；规定公安机关提请检察机关批准逮捕外来犯罪嫌疑人时，应在《提请批准逮捕书》中进行逮捕的必要性说明，检察机关应通过讯问犯罪嫌疑人、听取辩护律师意见、审查案卷等方式综合评估是否适用非羁押性强制措施，作出构罪不捕决定的，制作《不批准逮捕理由说明书》。法院审查检察机关构罪不捕外来人员刑事案件的，应依法判处相对轻缓的刑罚。再如，浙江省义乌市拥有全球最大的小商品批发市场，吸引大量外来人员在此创业。义乌法院构建了“强化沟通、部门联动、加强监管”的外来人员缓刑监管格局。判处缓刑

① 孔婷婷:《辽宁省 D 县缓刑适用情况调研报告——以 2015 年—2019 年刑事判决书为分析样本》，辽宁大学 2020 年 5 月硕士学位论文。

后，义乌法院就缓刑犯的移送接收，加强与异地司法部门的沟通。对于异地司法部门无故拒收的，由法院向本地检察院发送监督建议函，通过本地检察院要求当地检察院督促当地司法局落实接收。义乌法院还完善本地监管机制，实行社区矫正工作人员、片区民警、联村干部、志愿者、亲属与社区服刑人员结对的“5+1”监管帮教模式，预防重新犯罪。①

可见，司法实践中对外地人一般不适用缓刑，只是司法惰性的一种表现，只有严格司法、创新司法，才能最大程度上保障司法公正。浙江在很多方面的先行先试，可以值得全国各地借鉴，如杭州创新开发“非羁码”App对非监管人员进行监督。“非羁码”是一款和健康码类似、能够对非羁押人员进行有效监管的App。它能弥补传统电话监管等方式的缺陷，由被动接收信息变为主动，这样在出现突发情况时，能第一时间进行处理。非羁押人员在正常生活的同时，执行机关也能进行有效监管。而且杭州非羁码还能根据获取的相关信息，对非羁押人员进行一系列的评估，根据得分表现，分级别进行监管。“非羁码”App运用了人工智能、大数据、区块链、云计算等技术，通过外出提醒、违规预警、定时打卡和不定时抽检等多重功能，确保被监管人能够在必要的管控下回归日常生活。“‘非羁码’在杭州部分地区试点到全面推行以来，截至2020年10月27日，全市运用‘非羁码’有效监管非羁押人员1607人，无一人脱管失控。”②

（三）刑事政策对缓刑适用的影响

马克昌教授主编的《中国刑事政策学》认为，我国的刑事政策是指中国共产党和人民民主政权，为了预防犯罪，减少犯罪，以至消灭犯罪，以马列主义、毛泽东思想为指导，根据我国的国情和一定时期的形势，而制定的与犯罪进行有效斗争的指导方针和对策。③杨春洗教授主编的《刑事政策论》认为，刑事政策是国家或执政党依据犯罪态势对犯罪行为和犯罪人运用刑罚和

① 中国长安网：《浙江义乌规范外地籍被告人缓刑适用》，2013年11月11日，浙江义乌规范外地籍被告人缓刑适用 – 中国长安网 (chinapeace.gov.cn)。

② 最高人民检察院：《浙江杭州：应用“非羁码”降低审前羁押率提升监管效能》，2020年11月9日，浙江杭州：应用“非羁码”降低审前羁押率提升监管效能 _ 中华人民共和国最高人民检察院 (spp.gov.cn)。

③ 马克昌：《中国刑事政策学》，武汉大学出版社1992年版。

有关措施以期有效地实现惩罚和预防犯罪的方略。我国的刑事政策是我们党和国家为有效地惩罚和预防犯罪，依据我国的犯罪状况和犯罪产生的原因而确定的，对犯罪行为和犯罪人，区别不同情况，运用刑罚或其他处遇手段的行动准则和方略。[①]肖扬先生主编的《中国刑事政策和策略问题》认为，目前在我国，刑事政策和策略是党和国家制定的，或者政法机关制定并经党和国家肯定、推行的运用刑事法律武器同犯罪作斗争的一系列方针、措施、政策、办法的总和。[②]何秉松教授主编的《刑事政策学》认为，刑事政策是指国家基于预防犯罪、控制犯罪以保障自由、维持秩序、实现正义的目的而制定、实施的准则、策略、方针、计划及具体措施的总称。[③]可见，刑事政策是我国在一定时期内，出于重点打击某些类型犯罪或者重点保护某类客体而制定的一种政策，是在符合法律规定的前提下，更多地体现一种导向性策略，引导司法机关重点关注、重点办理该类犯罪。刑事政策在世界各国的司法活动中均有体现，但在我国的影响更为深远。关于刑事政策的优劣势，有不少学者在相关论著中阐述过，在此不深入研究。

由于法律总是滞后于社会发展的，立法者在制定刑法时不可能预测未来犯罪走向，而犯罪特别是经济类型犯罪，总是与经济、政治和社会发展息息相关，当某一类型的犯罪高发到有必要全国联动专门予以打击，而刑法由于种种原因（针对新型犯罪行为罪名不明确、犯罪构成要件不清晰等）力度不够时，刑事政策就“出场”了。刑事政策有其反应快、力度强的特点，能够在一定时期内最大程度地打击犯罪。刑事政策常以“专项活动”“会议纪要”等形式自上而下地贯彻到全国司法机关，如近几年的扫黑除恶专项行动、断卡行动、保护营商环境专项行动，等等。司法人员在审查案件事实和证据后，一般均会考虑有无相关刑事政策从严或从宽的要求，因此，刑事政策对缓刑适用与否，影响是十分明显的。

当然，即使没有这些刑事政策的引导，司法机关也会按照“罪刑法定、

---

① 杨春洗：《刑事政策论》，北京大学出版社 1994 年版。

② 肖扬：《中国刑事政策和策略问题》，法律出版社 1996 年版。

③ 何秉松：《刑事政策学》，群众出版社 2002 年版。

罪刑相适应和刑法面前人人平等”的原则打击犯罪，只是在刑事政策出台后，打击相关犯罪更具系统性和明确性。如在扫黑除恶专项行动中，全国司法机关上下一盘棋，在黑恶势力的标准、主从犯、打击范围，甚至量刑精准化，都达成一定共识，整体上是从严的态势。那么，由于从严刑事政策的影响，有些之前可适用可不适用缓刑的犯罪分子，在这种高压态势下，就不能适用缓刑；如由于国内外疫情对经济的重大影响，国家出台了“优化营商环境”相关政策。司法机关将这一国家层面的政策反映到刑事政策中，在依法的前提下，“少捕、慎诉”民营企业、民营企业家，能适用轻缓刑的尽量适用轻缓刑。同时从严打击侵犯民营企业、民营企业家的犯罪，保障经济健康有序发展。这些在司法实践中的表现，均反映了刑事政策的导向作用。

二、缓刑裁量的“不太均衡”

缓刑裁量的“不太均衡”主要体现在同案不同判、标准不统一、罪名集中化、地区差异化上。

（一）缓刑适用的标准不统一

有研究者以某市J区人民法院2015年–2017年各类犯罪判处缓刑统计表、J区人民法院类似案件缓刑适用情况表为范本进行对比、分析发现，在适用缓刑时，不同法院对于相似度极高的案件判决有不同，同一法院的不同法官对于相似度极高的案件判决也有不同，甚至同一法院同一法官对于相似度极高的案件判决前后也大不相同。[①] 即我们常听到的抱怨——“同案不同判”。笔者认为，“世界上没有完全相同的两片叶子”，同理，每起案件都有其共性和个性，每个细节都有可能影响量刑，但对于这个“细节”如何评估，如何在合理的范围内影响量刑，是司法实务中“量刑规范化”需要解决的问题。有司法工作者认为，就是因为“细节”千差万别，法官的认知和经验总是存在差异，“量刑规范化”“量刑精准化”是难以企及的目标。我们倡导的司法公正，不是所有同类案适用一样的罪名或刑罚，而是要保证个案在特定地区、

---

① 陈雪艳：《缓刑适用问题与对策研究——以某市J区人民法院缓刑案件为样本》，华中师范大学2018年5月硕士学位论文。

特定时期是绝对公平判决的。

当然，即使“量刑规范化”“量刑精准化”是难以企及的目标，我们也要去研究如何更科学规范量刑，在保证法官自由裁量权的同时，又要限制权力的随意和扩大。

（二）缓刑适用的罪名集中化

缓刑适用的前提是被判处“拘役、三年以下有期徒刑”，只是对刑罚种类作出了明确规定，对罪名不加限制，因此在理论上，犯任何罪行都有适用缓刑的可能。但从司法实践来看，我国缓刑适用比较集中，类型上主要是危害公共安全罪、侵犯财产罪、贪污贿赂罪等；具体罪名上主要是危险驾驶罪、交通肇事罪、故意伤害罪、盗窃罪、贪污受贿罪等。

缓刑适用之所以相对集中，当然跟这些类型犯罪高发态势有关，也跟一定的社会因素有关。如中国社科院法学研究所和社科文献出版社联合发布的《法治蓝皮书》显示，以醉驾为主体的危险驾驶罪成为2019年上半年审理最多的刑事案件，首次超过侵财类犯罪的盗窃罪。[①]危害公共安全罪适用缓刑的人数最多、比率最高，较大程度上就是受危险驾驶罪、交通肇事罪缓刑适用情况的影响。由于危险驾驶罪的量刑是“处拘役，并处罚金”，具备适用缓刑的形式要件，且一般到案后，犯罪嫌疑人认罪态度都较好，在罚金缴纳到位的情况下，法官更倾向于判处缓刑；交通肇事罪虽然造成了严重后果，但由于是过失犯罪，如果犯罪嫌疑人认罪态度较好、积极赔偿到位、取得被害人或家属谅解的情况下，缓刑适用率也较高。但笔者认为，虽然这两个罪名判处缓刑的比率都很高，但前者不应高于后者，在本书关于我国缓刑适用的疑难问题研究中再行探讨。

再如侵害人身权利、侵犯财产类犯罪原本就是多发性犯罪，一般因民间纠纷、经济因素等引起，该类犯罪与其他犯罪相比本身基数较大，加上该类犯罪的犯罪人在事发后大多数会选择主动给予经济赔偿，并进行书面或者口头上的赔礼道歉，绝大多数都能取得被害人的谅解，而经济纠纷与矛盾缓

① 中国新闻网：《蓝皮书：危险驾驶罪成去年上半年全国审理最多的刑案》，2020年6月8日，蓝皮书：危险驾驶罪成去年上半年全国审理最多的刑案 – 中新网 (chinanews.com)。

和后，人民法院也能大胆适用缓刑，以达到化解矛盾、案结事了的目的。关于这类犯罪缓刑适用率高，其实也存在一些弊端，本书在缓刑的局限性一节中论述过。在其他条件基本一致的情况下，有经济赔偿能力的犯罪人比没有经济赔偿能力的犯罪人更易获得缓刑的机会，缓刑变为“罚金刑”和“钱抵刑”，这是否是另一种司法不公的体现？司法实践中，缓刑的适用在很大程度上受经济因素的制约。很多法院在判断是否适用缓刑时，对被告人个人一贯表现、犯罪情节，及与案件有关的情况不那么重视，而把案发后被告人的悔罪表现、是否积极退赃和赔偿，以及是否缴纳足额罚金作为能否适用缓刑的主要依据，甚至以退赔、罚金这些直接与经济能力有关的因素来评判认罪悔罪态度。当然，经济赔偿和赔礼道歉是在犯罪事实发生后，成为“无可奈何”而选择的补救途径，法官在受害人施加压力的情况下，从平息案件矛盾的角度出发，重点考虑经济因素、有无取得被害人谅解也是不得已之选，是在法律效果和社会效果之间作出的一种平衡。然而，这样处理的局限在于，原本应当适用缓刑的被告人因无法承担大量的赔偿金、罚金而无法适用缓刑；原本不应当适用缓刑的被告人却因积极赔偿被害人、缴纳了足额的罚金而得以适用缓刑。这样，刑罚对犯罪分子的威慑力大大减弱，法律的威严和公正遭到蔑视，缓刑的功能和价值也就无法实现。

再如，贪腐领域的犯罪一直是社会公众关注的焦点，但这类犯罪适用缓刑的比例较高。有统计表明，在某基层检察院向人民法院提起公诉的 38 名职务犯罪被告人中，被判处缓刑的多达 26 人，占 68.4%，免予刑事处罚的 2 人，占 5.3%。[①] 最高人民法院、最高人民检察院出台了一系列司法解释、工作规定来解决职务犯罪适用缓刑偏多问题，如 2012 年 8 月 8 日《最高人民法院、最高人民检察院关于办理职务犯罪案件严格适用缓刑、免予刑事处罚若干问题的意见》、2011 年 1 月 1 日《关于加强对职务犯罪案件第一审判决法律监督的若干规定 (试行)》，从实体、程序上均对职务犯罪案件适用缓刑、免予刑事处罚作出了限制性规定，如职务犯罪案件第一审判决实行上下两级检察

① 赵晨昊：《缓刑适用中存在的问题及对策》，郑州市中级人民法院，http://zzfy.hncourt.gov.cn/public/detail.php?id=20322，2013 年 1 月 30 日。

院同步审查的工作机制、某些类型的职务犯罪案件适用缓刑、免予刑事处罚须上检委会、审委会研究决定等。轻型职务犯罪案件有其特殊性，也满足缓刑适用条件特别是"没有再犯罪的危险"这一重要条件，但鉴于其对国家、社会和公众利益的影响，应严格限制适用缓刑。

（三）缓刑适用的地区差异化

从横向看，我国地区间缓刑适用率不平衡，最高和最低适用率差别较大。根据最高人民法院统计，2007年全国法院缓刑适用率为24.43%，其中江苏法院缓刑适用率最高，为29.94%；广东法院缓刑适用率最低，仅为5.05%，两者相差近25个百分点。① 同样根据最高人民法院统计，2006年到2008年，缓刑适用率最高的山东法院3年来的平均适用率为42.72%，缓刑适用率最低的广东法院3年来的平均适用率为5.13%，两者相差数倍。另外，根据很多省反映的情况，同一省内不同地区之间的缓刑适用率也有较大差异。如广西壮族自治区内的宁铁、河池地区缓刑适用率均超过35%，而玉林、贵港地区的缓刑适用率不到10%，相差3倍以上。② 同样的缓刑地区适用不均衡在辽宁铁岭市法院也有突出表现，最高和最低的相差34个百分点。③ 再如2013年至2014年，山东省德州市基层法院缓刑适用率最高达80.54%，而缓刑适用率最低为31.65%，两者相差近50%。④ 作为长期缓刑适用率在全国垫底的广东省法院，于2009年出台了《广东省高级人民法院关于正确适用缓刑的指导意见》。该指导意见起草人撰写解读意见指出，近10年来，我省法院适用缓刑的平均比例为4.46%，全国的平均比例为18.58%，大大低于全国的平均水平；特别是近3年来，我省法院适用缓刑的平均比例为4.64%，而全国的平均水

① 冯全：《中国缓刑制度研究》，中国政法大学出版社2009年版，第81页。

② 薛淑兰、王卫、魏磊：《缓刑适用实证研究》，载《人民司法》，2020年第9期。

③ 全新：《当前缓刑适用与执行中存在问题的分析与思考——对铁岭市缓刑适用与执行情况的调查研究》，沈阳师范大学硕士学位论文，2011年9月。

④ 缓刑适用情况调研课题组：《科学规范缓刑适用 正确发挥刑罚功能——山东省德州中院关于缓刑适用情况的调研报告》，人民法院报，http://rmfyb.chinacourt.org/paper/html/2015-04/16/content_96727.htm?div=-1，2015年4月16日。

平是 23.18%，与全国的差距进一步拉大。①

显然，缓刑适用的地区不均衡是长期存在的共性问题，跟当地的经济环境、司法习惯、多发犯罪等均有关系，是一个复杂的形成过程。过低和过高地适用缓刑，都是对缓刑制度的不正当理解和使用。

三、缓刑裁量的“不太确定”

缓刑裁量的“不太确定”，也可以理解为“随意性”，并不是指法官任性、故意为之，而是在具体案件的办理过程中，不仅仅是依据法律的规定（且本来就是相当抽象的规定）来评估案件是否符合缓刑的形式和实质要件，还需要依赖于法官的经验、刑罚理念、当下刑事政策等，前述缓刑裁量的“不太均衡”也印证了缓刑适用的“不太确定”。

（一）舆论影响缓刑裁量

近年来，人民群众的公民意识日渐增长，又伴随着互联网技术的飞速发展，公众热衷通过网络参与民主、政治和社会生活，对司法的监督便是其中重要的一环。“昆山反杀案”“广州许霆案”“南京彭宇案”“天津赵某某气枪案”等等，都在社会舆论的高度关注下一波三折。社会舆论是一把“双刃剑”，既可能最大程度地监督司法机关审慎行使司法权，也可能最大程度地裹挟司法机关行使司法权。社会公众除了少数法律专业人士外，大多数是出自朴素的正义情感，难以从理性、专业角度分析案件，但在社会舆论的压力下，司法机关少有能无视民意去做出判决。当然，值得宽慰的是，目前在社会舆论关注下的案件，一般都能既考虑了民意，又能依法判决。如“天津赵某某气枪案”中，被告人赵某某一审被天津市河北区人民法院以非法持有枪支罪判处有期徒刑 3 年 6 个月，后上诉。天津市第一中级人民法院二审后，考虑到赵某某非法持有的枪支均刚刚达到枪支认定标准，其非法持有枪支的目的是从事经营，主观恶性程度相对较低，犯罪行为的社会危害性相对较小，二审庭审期间，赵某某能够深刻认识自己行为的性质和社会危害，认罪态度较好，有

---

① 谢文练 刘红梅：《解读广东省高级人民法院关于正确适用缓刑的指导意见》，https://www.docin.com/p-813464903.html，2010 年 3 月。

悔罪表现等情节。同时，天津市人民检察院第一分院也建议对赵某某适用缓刑，故酌情对其予以从宽处罚。天津市第一中级人民法院终审判决以赵某某非法持有枪支罪判处有期徒刑 3 年，缓刑 3 年。[①] 从有期徒刑 3 年 6 个月改判为有期徒刑 3 年，差别不大，但刑罚执行方式从实刑改判为缓刑，就该案而言，显然更人性化。

（二）法官的“自由”裁量权

法官的自由裁量权建立在法律制度之上，但由于我国缓刑制度的立法过于抽象、笼统，没有可操作性的司法解释，因此，在决定是否适用缓刑时，暗含了法官的主观价值判断，这就意味着缓刑的适用具有一定的偶然性。

我国司法实践中，法官自由裁量权的行使存在两方面问题，一方面是法官在行使自由裁量权的“不自由”，另一方面是法官在行使自由裁量权的“过度自由”。“不自由”和“过度自由”都是不当行使司法权的表现，直接受法官的职业素养、专业能力、刑罚理念、刑事政策等的影响。

“不自由”有克制之意，表现在司法机关的独立裁判受到行政机关、社会舆论的影响，使得缓刑的适用出现偏差。另外，“案多人少”的实际困难在各地法院长期存在，且每年的刑事案件数量呈普遍上升趋势，法官办案任务重、压力大。如果判处被告人缓刑，需要调查了解被告人是否具备监外监管条件等情况，开展调解、和解等工作，这在客观上无疑增加了不少工作量。此外，为监督法官的自由裁量权，各地法院对适用缓刑设置了较为繁琐的审批程序。基于以上工作量、结案率、避嫌等因素的考虑，法官适用缓刑的动力不足。

“过度自由”则有滥用之嫌，指自由裁量权的适用过于扩大，使得有些社会危害性较大的被告人被判处缓刑，这对于当事人及公众的伤害都是不言而喻的。对这些案件适用缓刑不能说一概不符合法律规定，但的确在某些时候会违背公众的法感情。如 2021 年 3 月，一份浙江某大学生酒后强奸醉酒女同学的刑事判决，引发了网民关注。案情显示，被告人赵某某酒后趁被害人女同学严某某醉酒无力反抗之际，强行与其发生性关系。法院一审认为，被告

① 新华网:《天津“气枪”老太改判三年缓刑三年》，天津“气枪”老太改判三年缓刑三年 _ 新华每日电讯 (xinhuanet.com)，2017 年 01 月 27 日。

人赵某某到案后如实供述犯罪事实，依法从轻处罚；自愿认罪认罚，依法从宽处理；已赔偿被害人并获得谅解，酌情从轻处罚。根据被告人的犯罪情节和认罪悔罪表现，以赵某某犯强奸罪，判处有期徒刑3年，缓刑4年。对此，很多网民认为，法院对于该大学生判刑过轻，如此判决是在助长犯罪。“强奸罪还有缓刑，那不是所有强奸犯以后都可以认罪认罚、获得谅解就缓刑？这是不是犯罪成本太低。”① 当然，法律上没有禁止对强奸罪适用缓刑，即使是强奸罪，符合条件的适用缓刑未尝不可。该判决的刑罚是在法律规定的量刑幅度之内，但法院在这起案件中，没有秉持审慎的自由裁量态度。法院在审理案件时过多地关注犯罪分子的身份、自首、坦白、缴纳罚金、赔偿被害人、获得谅解等一些从轻或者减轻的情节。比如该案中在校大学生的身份，不同视角会得出不同结论，司法机关往往会因这一身份而从挽救的角度考虑从宽处罚，而部分网友则认为，作为受到良好高等教育的大学生都知法犯法，更应予以严惩。笔者认为，强奸罪作为严重侵犯公民人身权利的犯罪，如果没有足够的从轻理由，不宜适用缓刑。另外，“过度自由”还表现在法官有可能迫于犯罪分子的社会背景和社会关系办人情案、关系案，不当适用缓刑，从而影响了缓刑适用的公正性。

第二节　缓刑的执行

缓刑制度能否发挥立法所追求的价值，更多地是在缓刑的执行上体现。以2020年7月《中华人民共和国社区矫正法》(以下简称《社区矫正法》) 实施为分水岭，我国的缓刑执行分为两个阶段：

一、第一阶段：2020年7月社区矫正法实施以前

社区矫正法实施以前，我国的缓刑执行存在诸多问题，甚至演变为了

---

① 新京报：《大学生强奸女同学，“判三缓四”是否轻了？》，大学生强奸女同学，“判三缓四”是否轻了？(baidu.com)，2021年3月29日。

“缓而不管”，让相当一部分社会公众以为缓刑就是把罪犯“一放了之”，动摇了他们对司法公正的期待和信赖，主要存在以下问题：

（一）缓刑的宣告不到位

包括判决宣告、执行宣告、期满宣告。实践中判决宣告由法院进行，后两者由公安机关进行。部分法院在判处缓刑时没有使罪犯深刻领会缓刑的意义就匆匆送交执行，且考虑到公安机关才是执行机关，在告知缓刑期间应遵守的行为规范有所简略。而负责执行的公安机关往往是基层派出所，不仅要承担辖区内大量的行政事务，还要办理刑事案件，执行缓刑只是他们工作中极其微小的一部分，所以很多公安机关在执行宣告和期满宣告上流于形式。宣告不到位就造成了被判处缓刑的罪犯不知道自己哪些行为可为之或不可为之，甚至无意违反了禁止性规定而被撤销缓刑。

（二）从“判决”到“监管”的衔接不畅

在缓刑犯的交付上，法院与公安机关存在一定时差，特别是在交付外地公安机关执行时，可能会存在更长时间的脱节，以致缓刑犯在该时期内脱管。另外，在交付的方式上，也没有建立统一的程序，法院不是把缓刑分子送交执行机关，而是把法律文书送达给执行机关，缓刑犯自己拿着缓刑判决书，到公安机关报到，但时常会发生缓刑犯迟迟不报到，法院或公安机关也未监管的情况。

（三）缓刑执行机关的监管不力

公安机关的职责非常庞杂，对缓刑犯的监督考察是其工作之一，不可能耗费太多精力在上面。在当前警力普遍不足的情况下，公安机关不可能安排专人针对辖区内所有缓刑犯分类管理，因案监管，最多只能要求缓刑犯定期报告行踪和思想，这很难起到教育、挽救的特殊预防效果。

（四）撤销缓刑的标准不统一

刑法第 77 条规定的撤销缓刑的三种情形分别是：犯新罪、发现漏罪和违反缓刑的监督管理规定或禁止令。对于前两者容易判断，但如何把握第三种情形的“情节严重”，各地公安机关没有可操作、统一的标准，因此，难以科学合理地撤销缓刑。

二、第二阶段：2020 年 7 月社区矫正法实施以后

正是由于司法实践中对被判处管制、宣告缓刑、假释和暂予监外执行的罪犯在执行上存在诸多亟待解决的问题，我们开始探索社区矫正制度。我国的社区矫正工作从 2003 年开始试点，2009 年全面试行，2014 年在全国全面推进。2019 年 12 月 28 日，十三届全国人大常委会第十五次会议通过了《社区矫正法》，并于 2020 年 7 月 1 日开始施行。这是我国首次就社区矫正工作进行专门立法，标志着社区矫正工作迈出了跨越性的步伐，进入了新的发展阶段。根据我国法律规定，被判处管制、宣告缓刑、假释和暂予监外执行的罪犯均要依法实行社区矫正，因此，缓刑执行的效果与社区矫正工作息息相关。目前社区矫正制度实施不到一年的时间，但成效显著。

一是规范化。按照司法部深入推进刑罚执行一体化建设的要求，各省、市、区及时制定出台社区矫正法实施细则，省级司法行政部门依法成立社区矫正委员会。北京、上海、安徽、云南等地相继出台民警参与社区矫正工作管理办法，规范选派条件和程序、明确工作职责，各地建立起具有独立执法主体资格的社区矫正机构，并大胆探索，如江苏常州司法行政机关与社会组织深化合作，根据未成年矫正对象的心理特点、成长经历、犯罪原因、家庭监护教育条件等，量身定制教育帮扶计划。

二是信息化。社区矫正法实施的时间正好处于我国初步控制新冠疫情之际，疫情极大地影响和改变了我们的生活和工作方式，进一步促进了大数据业务、信息化发展。各级司法行政机关按照社区矫正法要求，加强社区矫正信息化平台建设，创新“智慧矫正”方式，如与法院、公安机关系统联网工作，司法部加强顶层设计，积极推进“智慧矫正”信息化体系建设。前面提到的杭州创新的“非羁码”也是其中的一种创新，有效地提升了监管非羁押人员的质效。仍以江苏常州为例，常州为社区矫正对象配备手机、电子定位腕带等，借助信息化核查、腕带定位、远程视频督察等科技手段，实现全息感知、精准监管。还有各地创新的自助矫正终端机、社区矫正移动执法车、“VR+ 训诫谈话”、再犯罪风险建模分析等，打造了缓刑适用的“云管理”

网络。

三是社会化。缓刑适用的重要价值之一就是促使缓刑犯早日社会化，各地社区矫正机构通过组织引导社会力量，如志愿者、就业培训机构、心理工作室等参与社区矫正工作，加强专业培训。江苏、浙江、河南等地突出分类管理、因人施策的精准矫治方法，打造学习教育、公益活动、职业技能培训“菜单式”教育模式。河南省三门峡市将就业困难者作为社区矫正重点对象，通过培训帮助提升就业技能。截至 2020 年年底，全国参与社区矫正的社工共 3.8 万余人，志愿者 51.2 万人。[①]

目前，社区矫正法和社区矫正机构均处于起步阶段，需要有一个不断完善的过程，如在配备专业人员、经费保障、管理办法上还需要加强，与司法机关的工作衔接机制还需要进一步细化。

---

① 中国长安网:《各地社区矫正工作实现跨越式发展 助推“中国之治”》，各地社区矫正工作实现跨越式发展 助推“中国之治”(baidu.com)，2021 年 1 月 27 日。

第四章　我国缓刑适用的疑难问题研究

第一节　缓刑适用罪种条件研究

世界上大多数国家对缓刑适用并未限制罪种，我国也一样，因此，理论上任何罪名都有可能适用缓刑，以下是司法实践中常遇到的关于缓刑适用的疑难复杂问题。

一、数罪并罚情况下的缓刑适用

数罪并罚，是指法院对一人所犯的数罪分别定罪量刑，并根据法定原则与方法，决定应当合并执行的刑罚。我国立法对数罪并罚能否适用缓刑没有禁止性规定，但最高人民法院、最高人民检察院在2012年《关于办理职务犯罪案件严格适用缓刑、免予刑事处罚若干问题的意见》（以下简称“两高2012年《意见》”）中规定，“具有下列情形之一的职务犯罪分子，一般不适用缓刑或者免予刑事处罚：……（四）犯有数个职务犯罪依法实行并罚或者以一罪处理的；”如果确有必要，则需要经过检察委员会或审判委员会讨论决定，说明司法实践中对数个职务犯罪并罚后适用缓刑是严格管控的，但该司法解释中也将数罪并罚不适用缓刑的情况限定在了是数个“职务犯罪”，且还有程序出口。也就是说，如果被告人犯的数罪中有普通刑事犯罪，则还是可以不受该规定限制的。另外，2011年12月30日《最高人民法院关于进一步加强危害生产安全刑事案件审判工作的意见》（以下简称“2011年最高法《意见》”）中第18条也有类似规定，“对于具有下列情形的被告人，原则上不适用缓刑：（一）具有本意见第14条、第15条所规定的情形的；（二）数罪并罚的。”可见，对于危害生产安全刑事案件中数罪并罚的被告人，原则上不适用缓刑。

总的说来，数罪并罚分为两个阶段，一是判决宣告前的数罪并罚；二是判决宣告后，在缓刑考验期内行为人又犯新罪或者发现漏罪的数罪并罚。这两个阶段能否适用缓刑，怎样适用缓刑，是司法实践中遇到的疑难问题。笔者在下文中分别阐述。

（一）判决宣告前的数罪并罚——可以适用

这是最常规的一种数罪并罚，被告人的行为符合数个构成要件的，如果不符合刑法理论和刑法法条规定的以一罪论处的情形，司法机关应对数个构成要件分别予以评价，定罪量刑，决定合并执行的刑罚。关于对数罪并罚的犯罪分子能否适用缓刑，有的国家刑法明确规定可以适用，有的国家则没有作出规定，但目前尚未发现有国家作出禁止性、排除性规定。如现行《德国刑法典》第 58 条第 1 项规定："如果某人实施了数个犯罪行为，那么，对第 56 条规定的暂缓执行刑罚来说，以总和刑罚的期限为准。"1996 年《瑞士联邦刑法典》第 41 条第 1 款第 4 段也规定："在数个刑罚相竞合的情况下，法官可以将同种刑罚宣告附条件执行（指缓刑）。"[①] 这说明，德国和瑞士对数罪并罚适用缓刑是持肯定态度的。

1. 判决宣告前的数罪并罚能否适用缓刑之司法现状

我国刑法尚无明文规定是否能够适用以及如何适用的问题，司法工作者徘徊在"法无明文"与"司法精神"冲突的困惑中，特别是数个司法解释、规定和复函等都具有指导办案意义的文件中也有相互矛盾的情况，就更加深了司法机关的犹豫。1998 年 9 月 17 日最高人民检察院法律政策研究室在所作的《关于对数罪并罚决定执行刑期为三年以下有期徒刑的犯罪分子能否适用缓刑问题的复函》（以下简称"1998 年《复函》"）中指出，对于判决宣告以前犯数罪的犯罪分子，只要判决执行的刑罚为拘役、3 年以下有期徒刑，且符合适用缓刑的实质要件，依法可以适用缓刑；2011 年 12 月 30 日《最高人民法院关于进一步加强危害生产安全刑事案件审判工作的意见》（以下简称"最高法 2011 年《意见》"）中指出，对于危害生产安全刑事案件中数罪并罚的被告

① 左坚卫:《缓刑制度的理论与实务》，中国人民公安大学出版社 2011 年版，第 97 页。

人，原则上不适用缓刑；两高2012年《意见》中指出，犯有数个职务犯罪依法实行并罚或者以一罪处理的，一般不适用缓刑或者免予刑事处罚（若适用须经过一定程序）。可见，1998年《复函》与后两个文件是冲突的，这两个文件其中一个是针对职务犯罪、一个是针对危害生产安全的犯罪，具有特殊性，但1998年《复函》是针对所有犯罪，且两个文件规定的都是"一般""原则"不适用，而非"一刀切"地不适用，说明还是要具体案件具体分析，只是提醒司法机关对这两种类型的犯罪从严把握缓刑适用。

在司法实践中，不乏有数罪并罚犯罪被宣告缓刑的案例，如河南省某县人民法院于2005年11月18日判处的胡某某挪用公款、诈骗案，法院认为该案符合缓刑适用的"被判处三年以下有期徒刑"刑种条件，且根据犯罪性质、情节、悔罪程度等判断胡某某有适用缓刑的实质条件，因此宣告缓刑。[①]但关于该问题，司法实务中至今是没有定论的，不同地区、不同法官对于同一案件仍会得出不同结论。在某些犯罪情节大致相同的案件中，有的法官认为可以对其宣告缓刑，而有的法官则认为不宜适用缓刑，因此"同案不同判"现象尤为突出。

2. 判决宣告前的数罪并罚能否适用缓刑之学理争议（以下学说为本书归纳整理）

（1）肯定说。肯定说认为，既然我国刑法明确规定了缓刑适用的形式、实质要件和排除要件，那么无论被告人触犯几个罪名，只要符合上述规定，均可以适用缓刑。理由如下：一是法律没有明文禁止。根据"法无明文规定不处罚"的原则，至少表明立法者对该问题不是持否定态度的。司法解释对于职务犯罪、危害生产安全的犯罪作出"数罪并罚一般或原则不适用缓刑"的专门规定，正是印证了立法者对绝大多数犯罪不排斥数罪并罚可以适用缓刑；二是人身危险和社会危害性较轻。对于数罪并罚后仍可以被判处拘役、三年以下有期徒刑的被告人，比犯一罪即被判处同样刑期的被告人，显然前者所犯的每罪均较轻，人身危险和社会危害性不可能太大，不能简单地以数

① 中国应用法学研究所：《人民法院案例选》，2006年第2辑（总第56辑）。

量来推断人身危险性和再犯可能性。如 A 吃饭喝酒时，临时起意盗窃同桌人 2000 元钱，醉酒后开车回家路上被查获。A 涉嫌盗窃罪、危险驾驶罪，应当数罪并罚，法院判处有期徒刑一年六个月，并处罚金；B 为诈骗他人 1.8 万元的惯犯，法院判处有期徒刑一年六个月，并处罚金。那么，法院是否可以对 B 适用缓刑，而对 A 不适用缓刑？笔者认为这种结论是不合理的；三是适用缓刑有利于实现缓刑价值和刑罚目的。我们之所以在被告人满足缓刑适用的形式和实质要件下，大力提倡“应用尽用”，皆是因为缓刑价值和刑罚目的。我们实施刑罚的目的终究是为了修复受损的社会关系，以预防为主、兼顾报应。如果能在适用缓刑的过程中，实现这些目的，就没有必要将犯罪分子一律投牢，使再次感染的几率增加。

因此，持肯定说的学者和司法工作者认为，对数罪并罚的被告人适用缓刑是符合法律精神和刑罚轻缓化发展趋势的。

（2）否定说。否定说认为不应对数罪并罚的被告人适用缓刑，理由如下：一是从司法解释的解释原意可以看出，犯数罪被告人的主观恶性、危害性大于犯单罪的被告人，不然不会专门出台意见予以规制；二是从撤销缓刑的立法原意可以看出，如果缓刑考验期内犯新罪或发现漏罪的，应当撤销缓刑。立法者认为，犯新罪说明被告人主观危险较大，撤销缓刑是应有之义；发现漏罪实质就是判决宣告前的数罪，立法明确规定了应当撤销缓刑，说明对数罪并罚适用缓刑是持反对态度的；三是从缓刑适用的社会效果可以看出，如果被告人犯有数罪仍然被适用缓刑，社会公众会难以接受。普通民众不是专业法律人士，不可能站在理性角度条条框框分析得出结论，他们只会有“原来一个人犯了几种罪还可以不坐牢”的印象，这会大大降低法律的震慑力。

（3）折中说。折中说综合了前两种观点，即数罪并罚的情形是否适用缓刑，要具体个案分析，如果对特殊主体（未成年人、怀孕的妇女以及已满 75 周岁的人犯数罪）数罪并罚可以适用缓刑，如果被告人是常习犯的数罪并罚则不能适用缓刑等等。折中说对于判决宣告前的数罪并罚能否适用缓刑并没有统一意见，模棱两可。

3. 判决宣告前的数罪并罚可以适用缓刑之分析

笔者赞成肯定说。首先，数罪并罚应当在总和刑期以下、数刑中最高刑期以上，酌情决定执行的刑期。我国缓刑适用的刑期条件为“对于被判处拘役、三年以下有期徒刑的犯罪分子”，可见，数罪并罚后还能满足这一刑期条件的，必然是罪行较轻的犯罪；其次，数罪并罚可以适用缓刑是符合刑罚轻缓化趋势的。近 20 年来，随着社会、经济、政治和民主的发展，我国的犯罪结构已经发生变化，重罪减少、轻罪增多，意味着大多数犯罪人被判轻刑，很快就要回归社会。而对于轻刑犯，在社会生活中执行刑罚与在羁押场所执行刑罚，对他们的影响是截然不同的。“早日并顺利融入正常社会生活”也是我们适用刑罚时要考虑的重点；最后，数罪并罚适用缓刑并不意味着放纵犯罪或造成不良社会影响。法院判决时遵循罪刑相适应原则，依法作出判决后，检察机关会按照刑事诉讼法的规定严格审查，行使法律监督职责，层层把关，即使面对公众质疑也能够做到有法可依、有理可述。

（二）在缓刑考验期内行为人又犯新罪或者发现漏罪的数罪并罚——分情况适用

1. 缓刑考验期内行为人犯新罪

司法实践中，有的法院在对缓刑考验期内又犯罪的被告人按照数罪并罚的原则进行判决时，有时考虑到被告人的认罪态度良好以及退赃、退赔、补偿、缴纳罚金、取得被害人谅解等情节，仍然适用了缓刑。他们认为，即使是缓刑考验期内犯新罪被撤销缓刑，但只要符合缓刑适用条件，就说明前后两罪都很轻微，可以适用缓刑。如王某交通肇事案，2003 年 4 月 25 日，被告人王某因交通肇事罪被某法院判处有期徒刑 1 年，缓刑 2 年（缓刑考验期 2003 年 4 月 25 日起至 2005 年 4 月 24 日止）。在缓刑考验期的 2004 年 12 月 2 日，王某与他人合伙盗窃，构成盗窃罪。2006 年 9 月 13 日同一法院因王某犯盗窃罪判处有期徒刑 6 个月并处罚金 2000 元，撤销缓刑，将前罪（交通肇事罪）判处的 1 年有期徒刑与后罪（盗窃罪）实行数罪并罚，决定执行有期徒刑 1 年零 2 个月，缓刑 2 年，并处罚金 2000 元。[①] 笔者认为此种观点值得

---

① 吴正鼎：《撤销缓刑实行数罪并罚后能否对罪犯再适用缓刑？》，载《重庆工商大学学报》，2008 年 11 月，第 18 卷增刊，第 152 页。

商榷，违反了我国刑法关于缓刑适用的原则，是不可取的。因为缓刑适用的实质要件之一即“没有再犯罪的危险”，这是司法机关根据犯罪人的犯罪情节和悔罪表现而作出的预测性判断，虽然并非总是准确，但在实际中出现了再犯罪的事实（甚至不是“再犯罪的危险”）时，司法机关仍将前后罪数罪并罚，适用缓刑似乎不妥。被告人在缓刑期间又犯罪，已经从事实上证明其缺乏应有的悔罪表现，继续危害社会，从而表明对其前罪适用缓刑本身就是错误的，如果将前后罪数罪并罚后再适用缓刑，那就是错上加错。

缓刑是有条件地不执行判决宣告的刑罚。《刑法》第 77 条第 2 款规定，“被宣告缓刑的犯罪分子，在缓刑考验期限内，违反法律、行政法规或者国务院有关部门关于缓刑的监督管理规定，或者违反人民法院判决中的禁止令，情节严重的，应当撤销缓刑，执行原判刑罚。”该条款说明，缓刑犯在缓刑考验期内违反相关规定情节严重的，甚至还不是犯罪行为，都应当撤销缓刑，执行原判刑罚。那么，根据立法精神和常识推理，缓刑犯在缓刑考验期内犯新罪，更应当撤销缓刑，执行原判刑罚。因此，数罪并罚后宣告的刑罚必须是实际执行的刑罚，而不能一缓再缓。类似情形还可以参考我国刑事诉讼法第 81 条第 4 款关于“逮捕”的条件规定，“被取保候审、监视居住的犯罪嫌疑人、被告人违反取保候审、监视居住规定，情节严重的，可以予以逮捕。”取保候审与缓刑在某些义务的遵守上是一致的，且均是不收监的状态。取保候审期间违反相关规定情节严重的，可以予以逮捕，即立法表明其已不适合在羁押场所以外执行强制措施。缓刑期间再犯新罪也是如此，无论哪种情况下的犯新罪，均表明其主观恶性和人身危险性不再适合被司法机关评价为可以适用轻缓刑的刑罚。

还有观点认为，应当具体问题具体分析，如果犯罪分子是出于过失、义愤或被刺激而“激情犯罪”，则虽然触犯刑法，但属于“情有可原”，若数罪并罚后符合缓刑适用条件，仍可以适用缓刑。笔者不赞同这种观点，因为“犯新罪”的时间节点是在犯罪分子的缓刑考验期间，犯罪分子正在“享受”刑罚的宽容，本应高度警惕、谨小慎微，无论是故意还是过失犯罪，只要被刑法评价为犯罪，而不是意外事件、正当防卫或紧急避险等违法阻却事由，即说明犯罪分子是有一定主观恶性的，至少存在疏忽大意或者过于自信的主观过错，而不是毫无过错。因此，“犯新罪”可以推断出犯罪分子不具备缓刑的实质要件——“没有再犯罪的危险”，从而在数罪并罚后，不得适用缓刑。

2. 缓刑考验期内发现行为人漏罪

对于缓刑考验期内发现行为人漏罪的，应当在撤销缓刑后，对漏罪作出判决，将前罪和漏罪所判处的刑罚数罪并罚，笔者认为，如果仍符合缓刑适用条件，是可以适用缓刑的，这其实是实质意义上的判决宣告前的数罪。有的学者认为，发现漏罪说明犯罪人故意隐瞒，没有如实交待所有罪行，主观恶性较大，不应适用缓刑，但笔者认为，对此可以从“期待可能性”“国家追诉权”“任何人不得自证其罪”的精神予以解读。当然，这种情形下的缓刑适用，仍是以满足形式和实质要件为前提。

二、对放火、故意杀人、强奸等严重暴力犯罪的缓刑适用

案例1：高某放火案

案件事实：2020年9月，被告人高某在离职美团外卖时，与美团外卖协商退还779元押金事宜未果，遂决定报复美团外卖。被告人高某网购了少量酒精和打火机充气罐，于同年10月1日在W市H区武珞村一处楼下，将酒精和打火机充气罐点燃外卖电动车3辆，见电动车燃烧后，高某离开现场，后群众扑灭明火。

判决结果：W市H区人民法院于2021年4月23日以被告人高某犯放火罪，判处有期徒刑3年，缓刑3年。

判决理由：（1）因民事纠纷引起；（2）坦白；（3）初犯、偶犯；（4）自愿认罪认罚；（5）赔偿被害人并取得谅解；（6）在校大学生。

案例2：齐某故意杀人案

案件事实：2020年12月8日，被告人齐某与被害人董某丙在水泥路上，因骑车通行问题发生口角并厮打。齐某恼羞成怒欲杀死董某丙，遂在路边找来砖块，砸向董某丙面部，致董某丙口唇受伤，此时齐某自动放弃加害，董

某丙被送医。经鉴定，被害人董某丙轻伤二级。案发后，被告人齐某明知他人报警而在现场等候，并如实供述自己的罪行，其亲属代其赔偿被害人5万元，取得被害人董某丙的谅解。

判决结果：法院最终以犯故意杀人罪，判处齐某有期徒刑1年8个月，缓刑2年。

判决理由：（1）民间纠纷引起；（2）犯罪中止；（3）自首；（4）自愿认罪认罚；（5）积极赔偿并取得谅解。

案例3：刘某强奸案

案件事实：2020年12月3日，被告人刘某因生意接待与被害人朱某饮酒。酒后，被告人刘某趁被害人朱某深度醉酒之际，与其发生性关系。次日，被告人刘某自行到公安机关投案。2021年2月3日，被告人刘某与被害人达成赔偿协议并获得其谅解。

判决结果：被告人刘某犯强奸罪，判处有期徒刑3年，缓刑4年。

判决理由：（1）自首；（2）初犯、偶犯；（3）自愿认罪认罚；（4）赔偿被害人并获得谅解。①

上述3个案例中，被告人分别犯下了放火、故意杀人、强奸等严重暴力犯罪，但法院均适用了缓刑，说明缓刑适用不区分罪种，理论上均可适用，但严重暴力犯罪适用缓刑时，明显有如下共同点：一是犯罪情节较轻。比如放火未造成火势蔓延后果、故意杀人只是导致轻伤；二是犯罪特殊形态。如齐某故意杀人的中止；三是法定从轻、减轻量刑情节。以上3起案例中均存在自首、坦白、自愿认罪认罚法定量刑情节，若被告人没有任何一种法定从轻、减轻量刑情节，是不可能适用缓刑的；四是事后补救。这是反映认罪悔罪、不再犯罪的重要表现，如积极赔偿、赔礼道歉、取得谅解等；五是特殊主体。本着宽严相济的刑事政策，司法实践一般会对未成年人、学生、老年

① 以上三个案例均来源于中国裁判文书网。

人、孕妇等适用更为宽缓的刑罚，如高某放火案中，法院在判决时会考虑到被告人高某系在校大学生这一身份；六是无前科。3个案例中的被告人均是初犯、偶犯，如果有前科则意味着被告人改造难度更大，不宜适用缓刑。

由此可以得出结论：对放火、故意杀人、强奸等严重暴力犯罪的被告人是可以适用缓刑的，但须从严把握适用条件，至少具备3个以上法定从轻、减轻条件，且这类案件尤其需要考虑被害人的态度，取得被害人谅解，才可能适用缓刑。

三、关于危害公共安全罪、职务犯罪案件的缓刑适用

之所以把这两个完全不同类型的罪种放在一起研究，皆因司法实践中，这两类犯罪缓刑适用比例相对较高，特别是危害公共安全罪，在所有适用缓刑的罪种中高居榜首，而其中的危险驾驶罪又是适用缓刑的重中之重。根据《最高人民法院工作报告》显示，2019年一审刑事案件129.7万件，其中危险驾驶罪案件31.9万件，占比为24.6%，[①] 这表明刑事案件中有近1/4为危险驾驶罪案件，成为第一大刑事案件，且远超其他犯罪。由于危险驾驶罪最高刑期为拘役，具备“天然”适用缓刑的刑种前提条件，因此，危险驾驶罪案件毫无疑问地成为缓刑适用的“榜首”。在中国裁判文书网键入“危险驾驶罪 缓刑 第七十二条”关键词统计后发现，2020年近50%的危险驾驶罪被适用缓刑；在键入“贪污罪或受贿罪 第三百八十二条或第三百八十五条 缓刑 第七十二条”等关键词统计后发现，2020年近20%的贪污或受贿犯罪被适用缓刑，而这一比例相较前几年已明显下降。

危害公共安全罪、职务犯罪案件缓刑适用比例较高有如下因素，一是被判处的实际刑期较低。以危险驾驶罪、交通肇事罪为例，危险驾驶罪最高刑期为拘役，而司法实践中的交通肇事罪大部分被判处3年以下且为过失犯罪；以贪污罪、受贿罪为例，金额20万至300万量刑为3年到10年，但职务犯罪案件中的法定、酌定量刑情节一般较多，如自首、坦白、全额退赃、认罪

① 《最高人民法院工作报告》，搜狐网，https://www.sohu.com/a/398988851_260616，2020年6月1日。

认罚等，司法实践中只要没超过20万至300万的中间值，再适用量刑从宽情节，很可能被判处较轻刑罚；二是后果“承受方”弱化。任何犯罪都侵犯了法益，但并非所有犯罪造成了实际的危害后果。如危险驾驶罪就是典型的行为犯，侵犯了公共安全法益，但不要求后果的发生，如贪污、受贿犯罪既侵犯了法益，又造成了危害后果，但这种类型犯罪造成的后果往往是国家承担，没有直接、具体的受害人，法院在判决时较少受到受害人一方的干扰；三是职务犯罪案件一般都没有再犯可能性。这里仅针对的是职务类犯罪的再犯可能性，其他普通犯罪再犯可能性不在讨论范围之内。公职人员犯罪后，只要被起诉判刑，均会被开除公职，理论上是不可能再利用职务进行犯罪的，这也是法院在适用缓刑时考虑的一个重要因素。

针对以上两类犯罪缓刑率过高的问题，最高人民法院、最高人民检察院等专门出台了相关司法解释予以规范，如2013年最高人民法院、最高人民检察院、公安部《关于办理醉酒驾驶机动车刑事案件适用法律若干问题的意见》，各地还出台了相关的实施细则，严格相关案件的不起诉、缓刑等适用；如2012年最高人民法院、最高人民检察院《关于办理职务犯罪案件严格适用缓刑、免予刑事处罚若干问题的意见》要求严格掌握职务犯罪案件缓刑、免予刑事处罚的适用，切实避免缓刑、免予刑事处罚不当适用造成的消极影响。

本书认为，无论是从犯罪的主观恶性和人身危险性，还是对犯罪对公共利益的侵犯和造成的负面社会影响，对上述两类犯罪不宜缓刑适用率过高。应从以下三个方面严格把握：一是从严考察主观恶性。有观点认为，“危险驾驶罪与交通肇事罪虽然都是违反道路安全法规危害公共安全的犯罪，但危险驾驶罪作为刑法中法定刑最轻的犯罪，其社会危害性明显轻于交通肇事罪，因此，危险驾驶罪的缓刑适用比例应高于交通肇事罪。”①本书不赞同该观点，首先，两罪的主观恶性有明显差别，危险驾驶罪是故意犯罪，如故意在公共道路上追逐竞驶、明知自己喝了酒仍开车、严重超载或超速、违规运输危险化学品等；交通肇事是过失犯罪，虽然客观上违反了交通运输管理法规，但

① 何丹:《醉酒型危险驾驶罪缓刑适用研究》，西南政法大学硕士论文，2014年3月。

其对危害结果存在过失，且只有发生了重大事故，致人重伤、死亡或者使公私财产遭受重大损失的，才构成犯罪。其次，虽然危险驾驶罪是行为犯，没有实际造成危害后果就入罪，但飙车、酒后开车、严重超载或超速、违规运输危险化学品等这些行为导致危害后果发生的可能性极大，且危害程度无法预料，这个可能的后果是犯罪人先前行为故意选择的。最后，如果司法实践对危险驾驶罪造成大概率适用缓刑的导向，那么除了对体制内的公职人员有一定震慑作用外，对其他人几乎形成不了任何强制力；二是从严考察悔罪表现、再犯罪的危险。事实上，很多危险驾驶的犯罪嫌疑人在被查获前，都有过多次危险驾驶的行为，很少有第一次即被查获的，他们再犯的可能性更大，甚至不乏因涉嫌危险驾驶罪在被取保候审或判处缓刑期间又再犯的情况。对这类犯罪嫌疑人，要从严把握悔罪表现和再犯罪的危险；三是即使适用缓刑，也要延长考验期。大部分危险驾驶案的缓刑考验期为2个月，并未超过5个月。对于被判处缓刑的危险驾驶犯来说，几乎只在拘留场所待过一天或数天，感受不到自由被剥夺带来的痛苦，设置过短的考验期更是起不到太大的警示教育意义。为了更好地对危险驾驶犯罪分子进行监督和教育，完全可以延长缓刑考验期，在相对较长的考验期内将惩罚作用与预防功能结合，加强对危险驾驶罪犯的监督和教育。

第二节　缓刑适用实质要件研究

一、以“情节严重”为成立条件的犯罪，能否适用缓刑

缓刑适用的实质要件第一条即是“犯罪情节较轻”，前书已分析，但我国刑法分则中有大量关于“情节严重”才构成犯罪的罪名，能否适用缓刑？答案是肯定的。

刑法规定某个犯罪以情节严重或者情节恶劣为构成要件，说明立法者意图将部分情节较轻的此类行为排除在犯罪之外，提高了入罪门槛。因此，行为人实施这类危害行为达到情节严重或者情节恶劣的程度，只表明其行为已

经构成犯罪，并不意味着不能对其宣告缓刑。这里的“情节严重”只是犯罪构成要件，与不能适用缓刑的“情节较重”——表征主观恶性大、行为恶劣、危害结果重等情形，不在同一层面，前者是定罪应当考虑的因素，后者是裁量刑罚需要考虑的因素。如《刑法修正案(九)》增设“帮助信息网络犯罪活动罪”，即第287条之二，明知他人利用信息网络实施犯罪，为其犯罪提供互联网接入、服务器托管、网络存储、通讯传输等技术支持，或者提供广告推广、支付结算等帮助，情节严重的，处3年以下有期徒刑或者拘役，并处或者单处罚金。2020年，全国开展“断卡行动”，严厉打击电信网络诈骗及其他相关违法犯罪活动，以“帮助信息网络犯罪活动罪”惩治了大量“卡商”“卡农”。① “情节严重”即是该罪名的入罪条件，而不是量刑档次，也不是表征主观恶性、人身危险性和危害后果的特征。“卡商”“卡农”都须“情节严重”才涉嫌犯罪，但司法实践中，一般对“卡商”起诉判刑，对“卡农”不诉或者判缓刑。

因此，即使是以“情节恶劣”或者“情节严重”为构成要件的犯罪，量刑方面还是存在情节较轻与情节严重的区别，对这类犯罪在考虑能否适用缓刑时，须将“情节恶劣”或者“情节严重”考量为入罪条件后，在处罚时再单独考量“犯罪情节”是否可以评价为“较轻”，对符合犯罪情节较轻这一缓刑适用实质条件的，仍然可以宣告缓刑。

二、被告人不认罪能否适用缓刑

缓刑的适用以行为人具有悔罪表现为实质要件之一，被告人如果不认罪，就谈不上有悔罪表现，就不可能满足缓刑适用的实质条件，因此，认罪认罚的案件，适用缓刑的可能性更大。但本书认为，被告人不认罪要分两种情况判断：一种是对公诉机关指控的主要犯罪事实完全或基本予以否认，因而不认罪；另一种是对公诉机关指控的主要犯罪事实完全或基本承认，但对行为

---

① “断卡行动”：即严厉打击整治非法开办贩卖银行卡、电话卡违法犯罪。“卡商”：通过各种渠道手中持有大量银行卡、电话卡，用于违法犯罪活动的人员。“卡农”：自行或者经组织前往银行、营业厅或者通过信息化手段开办银行卡、电话卡的人员。

如何定性有不同看法，认为自己的行为不构成犯罪或不构成公诉机关指控的罪名。前一种情况下，被告人没有认识到自己的错误，或者认识到了但拒绝承认，更不可能有悔罪的态度，是不能适用缓刑的；后一种情形下，被告人对自己的行为、事实认可，只是对法律性质认识错误，但并不表明不具有悔罪态度。如果对自己的行为感到后悔，并向受害人真诚道歉、积极赔偿补偿，那么，同样应当认定为具有悔罪表现，再结合缓刑适用的其他实质要件决定是否适用。

司法实践中，也有被告人对事实的认识与公诉机关指控不一致从而不认罪，却被法院判处缓刑的案例。如甘肃省某县人民法院 2021 年 2 月 24 日关于“令某 2 故意伤害案”判决书中，被告人令某 2 对公诉机关指控的犯罪事实不认可，对指控的故意伤害罪不认罪，辩解是令某 1 从客房出来拿啤酒瓶抡起来把他扑倒的，他没有殴打令某 1。法院以犯故意伤害罪判处被告人令某 2 有期徒刑 7 个月，缓刑 1 年。[①] 判决理由：1、生活琐事引发，且被害人对矛盾的激化负有责任，存在重大过错；2、被告人已经预交部分赔偿款，可酌情从轻处罚；3、犯罪情节较轻；4、悔罪表现和对社会的危害程度。

因此，被告人不认罪并非适用缓刑的排除条件，法院要结合全案案情来综合判断。在本案中虽不认罪但被判处缓刑的被告人，已部分赔偿被害人，且被害人对矛盾的激化负有责任，事情起因于生活琐事等等，法官综合全案案情判处有期徒刑 7 个月，缓刑 1 年，是比较妥当的。

三、如何把握刑事政策对缓刑适用的影响

刑事政策起源于德国。1801 年，费尔巴哈就出版了《德国刑法教科书》，之后，刑事政策在欧洲各国被广泛运用。刑事政策有广义与狭义之分。广义的刑事政策，指关于犯罪防控工作的所有公共政策，该政策的表现形式有刑事法律、执法手段等刑事类措施，同时也包括非刑事法律表现形式和非刑事类措施；我国采取的是狭义的刑事政策，指党和国家根据社会发展状况，在

---

① 该案例来源于中国裁判文书网。

一定时期内所制定的刑事立法政策、司法政策与执法政策，三项政策紧密衔接达到预防和惩治犯罪的目的，维护国家与社会的平稳发展。

刑事政策与刑法虽然是两个概念，却能够双向互动，刑事政策可以指引刑法的执行与完善，刑法对刑事政策有规范作用和推动作用。司法机关以刑法作为定罪量刑的依据，但实际上任何一份判决都或多或少地纳入了刑事政策的因素，刑事政策对定罪、尤其是量刑影响深远。近年来，我国的刑法、司法解释就是在基于刑事政策的基础上不断完善。如针对近年来电信网络诈骗高发态势，为斩断外围服务产业，国家开展了“断卡行动”。最高人民法院、最高人民检察院马上针对刑法中相关条文表意不明确的问题，出台了《关于办理非法利用信息网络、帮助信息网络犯罪活动等刑事案件适用法律若干问题的解释》；如针对新冠疫情期间严重侵害公民、社会和国家利益的事件，最高人民法院、最高人民检察院 、公安部、司法部出台了《关于依法惩治妨害新型冠状病毒感染肺炎疫情防控违法犯罪的意见》，明确疫情期间可能涉及的犯罪，从上至下要求从快从严打击；如为贯彻落实《中共中央、国务院关于开展扫黑除恶专项斗争的通知》精神，统一执法思想，提高执法效能，依法、准确、有力惩处黑恶势力犯罪，严厉打击“村霸”、宗族恶势力、“保护伞”以及“软暴力”等犯罪，根据《刑法》《刑事诉讼法》及有关司法解释等规定，针对实践中遇到的新情况、新问题，最高人民法院、最高人民检察院 、公安部、司法部制定了《关于办理黑恶势力犯罪案件若干问题的指导意见》。再比如针对疫情对经济发展的影响，国家要求进一步提高服务营商环境法治化水平。司法机关应声而动，高度重视涉营商环境案件的办理，对侵害营商环境的犯罪严厉打击，对涉嫌犯罪的民营企业、民营企业主等“慎捕、慎押、慎诉”。在某类刑事政策施行期间，对被告人的刑罚肯定是有区别的。比如司法机关在开展服务优化涉营商环境案件专项行动中，对民营企业、民营企业主涉嫌犯罪的案件，只要基本满足不捕、不诉、轻缓刑条件的，司法机关均会适用更轻缓强制措施或刑罚。在刑事政策实施前，当然也是依法办理，但轻缓力度没有这么大，范围没有这么广。

本书认为，法律是服务于国家、社会和人民的，刑事政策当然要遵守，这是一定时期内国家的大政方针，但务必在法律的幅度内从宽或从严，国家只是表明了一定的司法导向，并非突破法律适用。基于刑事政策而在法律框架内适用缓刑的，要做好以下几方面工作：一是对于较轻刑事犯罪，可充分融合财产刑，适当衔接缓刑，从而获得较好的预防犯罪效果；二是做好缓刑适用的相关工作。如充分的前期调查、缓刑考验及禁止令；三是适时评估缓刑效果。结合检察建议、社区矫正来保证缓刑适用效果。

第五章　缓刑适用完善之路径

第一节　缓刑适用的立法完善

一、明确缓刑适用的实质要件

我国缓刑适用的四个实质要件是层层递进、相辅相成的关系，共同构建了缓刑适用的核心，整体上是科学且体系化的，但其模糊化的特点也为不少学者所诟病。缓刑适用实质要件的模糊化使法官在缓刑适用时可能过于保守或过于激进，导致一些可以适用缓刑的犯罪分子被监禁，使“交叉感染”风险增大；另一些不适合适用缓刑的犯罪分子被适用缓刑后，重新犯罪或造成不良社会影响，降低了司法威信。目前我国司法实践中，缓刑的适用存在诸多问题，如适用比率偏低、不平衡、随意性等，亟待明确和细化缓刑适用的实质要件。

（一）“犯罪情节较轻”的认定

本书认为，这一实质要件比较好把握。对于被判处拘役、三年以下有期徒刑的犯罪分子（包括单处罚金，关于建议罚金刑缓刑适用的可行性，下文再详述），几乎是可以等同于“犯罪情节较轻”的。一般犯罪情节严重的犯罪，刑法立法会在三年以上规定刑罚，且在司法实践中不会被判处拘役或在三年以下有期徒刑。刑法对绝大部分犯罪均规定了档次刑罚，法院在判决时，已经从罪行、主观恶性、责任等多方面综合考虑了法定刑幅度。因此，只要犯罪分子最终被判处拘役或在三年以下有期徒刑，即表示期满足了缓刑适用的第一个实质要件。

（二）明确“有悔罪表现”

“有悔罪表现”是一个判断主观心理状态的要件，不排除某些犯罪分子为了获得从轻处罚的机会，而假装认罪、悔罪，实际上却从心底排斥司法机关的处罚。如何判断犯罪分子自愿认罪、悔罪的真实性和深刻性，需要以一系列客观表现来印证，司法解释可以规定以下条款：

1. 自首、坦白或立功

自首即表示犯罪分子第一时间认识到了自己行为的错误，主动将自己置于司法机关的控制之下。当然，也有可能是因为客观原因致使犯罪分子没有办法逃避司法机关的追究，但无论是哪一种，从功利主义角度出发，节约了司法资源。自动投案后还要结合犯罪分子的供述来认定其对罪行的悔悟程度，有的犯罪分子虽然自动投案，但供述前后矛盾、反复，到了检察机关准备起诉，建议量刑时，或者法院准备判决时，突然认罪认罚，虽然犯罪分子最后认罪，但这类案件不宜认定为“有悔罪表现”。一般刑事诉讼的周期都较长，犯罪分子有足够的时间充分认识到自己的错误，却一直不认罪，甚至误导司法机关，影响司法效率。这种情形既然不被认定为自首，自然也就不能反映犯罪分子的认罪悔罪态度。当然，如果犯罪分子只是有过短暂的反复，但能够坦白供述犯罪事实并一直保持稳定的，再结合其他表现，可以认定为“认罪态度较好”。在认罪的基础上，再考量悔罪表现。

立功是犯罪分子对他人涉嫌犯罪行为的一种举报、揭发，能否认定其具有“悔罪表现”？有观点认为，举报、揭发他人的犯罪是犯罪分子出于自身利益考虑，为了获得从宽处理，不表征本罪，不能认定该犯罪分子对本罪有“悔罪表现”。但刑法有关于立功的犯罪分子可以从轻、减轻或免除处罚的规定，有三个方面的考量，一是可以节约司法资源，二是激励犯罪分子改过自新，三是瓦解犯罪势力，促使其他犯罪分子主动归案，减少因犯罪而对社会造成的不安定。“立功”实质表明了犯罪分子对其他犯罪不能容认的态度，对其他犯罪的否定，也涵盖了对自己犯罪的反思。更何况，立功具有比坦白这一表征本罪可能更大的价值——它能够侦破其他案件。因此，从鼓励所有人积极同犯罪行为做斗争、节约司法资源的角度出发，也应将立功作为从轻、减轻或免除的量刑制度。本书认为，将“立功”放在“有悔罪表现”这一规定中是合理的。

2. 犯罪中止

考量犯罪分子在犯罪过程中有无自动放弃犯罪或者自动有效地防止犯罪结果发生，犯罪中止反映出行为人主观恶性减小、社会危害性降低。法律对于中止犯也明确规定，没有造成危害的，应当免除处罚，造成危害的，应当减轻处罚。犯罪中止是犯罪特殊形态里面，最直接反映犯罪分子悔罪态度的一种。犯罪分子在实施犯罪的过程中，客观上能将犯罪行为进行下去，由于主体的犯罪意志动摇，犯罪动机发生改变，自动中止犯罪行为，或者有效地防止犯罪结果发生，犯罪分子先前意欲的犯罪结果客观上没有发生。

促使犯罪动机转化的心理因素主要有：（1）恐惧心理。担心罪行败露，怕受到刑罚惩罚的恐惧心理而产生的自我心理强制；（2）真诚悔悟。因道德感、理智感的复苏而产生罪责感、羞耻感，良心受到谴责而真诚悔悟；（3）怜悯之心。因被害人或他人的忠告、求饶、义正辞严地谴责等良性刺激，使主体产生对被害人的怜悯之心、同情心、罪责感等；（4）犯罪现场其他情境因素的刺激。如看到犯罪的可怕景象而胆怯、手软等使犯罪意志动摇。中止犯罪比既遂犯的社会危害性轻，因此我国刑法规定犯罪中止应当免除或减轻处罚。无论是上述哪一种犯罪中止心理，均表示了犯罪分子的主观恶性减轻、手段趋缓的状态，都是对犯罪行为的反对，即有悔罪表现。

3. 积极退赔、道歉

从物质方面表明悔罪的态度体现在：犯罪分子积极退赃、赔偿或补偿，主动缴纳罚款等。很多犯罪都与金钱等物质利益有关，这也是为什么我国刑法在量刑上对绝大部分犯罪都规定了罚金刑的原因，仅从人身自由来惩罚犯罪分子是不够的，要让其切实感受到物质受损带来的痛苦，成本须高到让行为人不愿也不敢再犯罪，“任何人均不得从其违法活动中获利”。但是，不能仅以退赔的数额来认定犯罪行为人是否有悔罪态度以及悔罪深刻程度。“退赔”跟犯罪主体的经济能力有关，如果唯“数额”论，势必造成司法不公现象：富人更易获得轻缓刑，而穷人则难以被从宽处罚。因此，这个“退赔”应以“积极”作为定语，重点和关键在于根据犯罪分子的经济能力，来考察“积极”的表现。经济能力一般或者较差，但尽其最大能力退赔的，也应认定为“积极”退赔；反之，如果犯罪分子是在被逼无奈状态下退赔的，即使赔偿或补偿到位，法官对其适用轻缓刑也要结合主观表现慎重考虑。

从精神方面表明悔罪的态度体现在：主动向被害人及其家属赔礼道歉，深刻反省，获得家属的谅解。这是悔罪表现的重要表现之一，也是犯罪分子最终能够适用缓刑的一个重要条件（虽然缓刑适用的实质要件未规定，但一直为司法机关所重视）。我国刑事法律规定的刑事和解程序，要求犯罪分子积极弥补被害人或其家属，真诚悔过，取得被害人或其家属的部分谅解或者完全谅解。在该种情况下，犯罪分子确实有赔偿、道歉、真诚悔过等行为，受害人或者其家属因此出具谅解书，表明受损的社会关系修复了一部分，犯罪分子造成的社会危害性减少，可以适用轻缓刑罚。这个规定作为轻缓刑的导向，可以促使犯罪分子虽然在犯罪时没有从轻、减轻情节，但在罪后通过积极挽救的措施，修复受损社会关系，维护社会稳定，这也是刑罚的意义所在。

4. 取得被害人谅解

如前所述，取得被害人谅解是司法机关对犯罪分子能够适用缓刑的一个重要条件。被害人是犯罪行为的直接关系者，犯罪分子是否真诚悔罪，被害人的感受最直观、最真实。由于刑事案件（除了极少数自诉案件外）是国家公诉权的体现，检察机关代表国家追诉犯罪分子，虽然被害人的话语权较弱化，但司法机关在办案中也会充分考虑被害人的权益。值得注意的是，在司法实践中，很多被害人以自己的特殊身份，通过网络、聚众上访、给领导写信等方式试图裹挟司法，只要不同意其诉求便闹事，使司法机关不胜其扰。在这种情况下，司法机关要主动应对，引导社会舆论，而不是被被害人左右，影响司法的客观与公正。“取得被害人谅解”虽然难以纳入立法，但这是一条虽无明文规定但实际适用的规则。当然，如果被害人态度强硬，坚决不谅解犯罪分子，司法机关能否对犯罪分子适用缓刑？

本书认为，要根据罪名分两种情况：一是对于自然犯，被害人始终不谅解犯罪分子的，司法机关不可强行对犯罪分子适用缓刑。虽然我国刑法不提倡“报应刑”，但也要充分考虑被害人朴素的法感情。自然犯具有当然反社会和反道义的性质，这种类型的犯罪对被害人精神上的伤害往往更大；二是对于法定犯，司法机关在综合考虑全案事实和证据后，认为对犯罪分子适用缓刑更适宜的情况下，可以适用，但要充分做好释法说理工作。法定犯这类犯罪没有明显违反伦理道德，主要是违反行政、经济管理法规等的犯罪行为，在修复受损的社会关系是存在较大空间的。因此，“取得被害人谅解”只能是缓刑适用的一个充分条件，不能成为必要条件。完全以被害人及其近亲属的意思为根据来决定是否对被告人适用缓刑的做法并不恰当。有的案件中，被害人以同意法院适用缓刑为条件，向被告人及亲属提出不合理的赔偿要求，否则就不予谅解。司法机关此时应排除干扰，站在公正、客观、中立的立场上，决定赔偿标准以及能否适用缓刑，不能一味地让被害人谅解与否主导法院的自由裁判权。

5. 其他悔罪表现

如犯罪分子犯罪后主动去社区做义工、热心公益等，力所能及地为社会做贡献，这些行为也能从侧面体现出犯罪分子修复受损社会关系、早日融入社会、维护社会稳定的一种悔罪心态。

（三）“没有再犯罪危险”的立法完善

很多学者认为这一规定过于笼统，缺乏现实可操作性，容易造成法官缓刑适用的随意性，极端的建议是将“没有再犯罪的危险”这一主观色彩过浓、措词过于强硬的条件删去。的确，缓刑适用的其他实质要件尚有迹可循，唯独“没有再犯罪的危险”这一要件不是针对本罪，而是预测未来之罪，再高明的法官也难以保证适用缓刑的犯罪分子在将来一定能成为守法好公民，不再犯罪。但是，将“没有再犯罪的危险”这一要件删除的观点过于激进，不利于刑法的稳定性。事实上，该要件虽然抽象，但要求在刑法中明确规定缓刑适用具体条件的做法，并不科学。因为“任何一种解释如果试图用最终的、权威性的解释取代基本文本的开放性，都会过早地吞噬文本的生命。”[①]刑法具有简洁价值，不可能在有限的文本中规定过于细节的事项。另外，从域外刑事立法来看，几乎没有对缓刑适用规定具体的条件，无具象立法先例，一

① 〔英〕韦恩·莫里森著，李桂林等译：《法理学》，武汉大学出版社 2003 年，第 555 页。

般都是跟我国刑法一样，进行抽象性表述。本书认为，抽象性要件有其存在的必要，否则，司法机关的自由裁量权将失去空间。司法工作者正是根据个案，从个案概括出符合缓刑适用的要件，来印证抽象的“没有再犯罪的危险”，这是具有科学性、合理性的立法例。

因此，“没有再犯罪的危险”这一实质要件有必要继续保留，没有必要重新修订或重构，但应在实践中结合个案，把握缓刑适用在具体案件中的具体表现形式，时机成熟时，可以用司法解释固定下来。“没有再犯罪的危险”这一要件可以结合“犯罪情节较轻”“有悔罪表现”（前文已阐述）来考察。另外，还可以结合以下因素来评估犯罪分子“没有再犯罪的危险”：1. 是否为过失犯。正常情况下，过失犯罪的人身危险性是低于故意犯罪的；2. 是否为胁从犯。胁从犯主观上对犯罪行为是持反对态度的，因被胁迫才参与犯罪；3. 是否为初犯、偶犯；4. 是否防卫过当或避险过当。这两种“过当”是因为实质造成了严重后果才入罪，而非行为人主观上的恶性“过当”，同时刑法规定了应当减轻或者免除处罚；5. 是否因为民事纠纷，特别是家庭、亲属、邻里之间的纠纷引起犯罪；6. 是否基于义愤或临时起意而犯罪；7. 被害人是否有过错及过错大小。

（四）“宣告缓刑对所居住社区没有重大不良影响”的立法完善

这一实质要件是刑法修正案（八）针对缓刑适用新增的一条，之前的立法没有将“所居住的社区”明文纳入考虑范围。虽然没有立法规定，但司法机关做了相关工作，即通过社会调查评估报告来判断适用缓刑对犯罪分子“所居住社区”有无重大不良影响。对这一实质要件的考察，除了将前面三个要件结合起来考量外，还可以将犯罪分子的“人格调查”作为重点写进社会调查评估报告：如未成年犯、75 周岁以上老年人或怀孕的妇女、聋哑人或残疾人等特殊主体；职业、经济、婚姻家庭、交友状况、性格特征、社会关系等；所受教育程度、个人经历等；有无受过行政或刑事处罚等。

国外高度重视罪犯的危险性评估，尤其是心理因素对罪犯再犯的作用，并开发出一系列量化评估工具，已成为很多国家“未雨绸缪”的通行做法。比如，美国的《弗吉尼亚州罪犯危险评估表》《威斯康星危险评价工具》《宾夕法尼亚州危险评估工具》，加拿大的《监督等级调查表》《重新犯罪统计信息表》，英国的《罪犯评估系统》等，比如美国的“威斯康星危险评价工具”表格，将判断犯罪人人身危险性的因素分为 11 类，对每一类因素均设置了 3 个选项，每一个选项有相应的得分，最后根据犯罪人的得分总数确定其人身危险性大小，从而决定是否适用缓刑。[①]

在我国，2005 年司法部在全国监狱局长会议上便提出了罪犯改造质量评估体系。罪犯危险性评估已在全国 11 个省份先行试点，一些地方监狱还创新了评估手段，不乏《罪犯危险度警戒提示评测表》等成果，但还缺少更规范的量化评估程序、标准、一支专业化的评估队伍以及防范应对措施。[②]这些人身危险性评估表格、工具可以运用到缓刑适用的社会调查评估报告中，作为缓刑适用实质要件的具体化。

二、扩大缓刑适用的范围

（一）扩大缓刑适用的主体范围

我国刑法第 19 条规定，又聋又哑的人或者盲人犯罪，可以从轻、减轻或者免除处罚。最高人民法院《关于审理未成年人刑事案件具体应用法律若干问题的解释》第 9 条、第 17 条还规定罪行较轻的未成年聋哑人可以免予刑事处罚或不认为是犯罪。除此之外，为了规范刑罚裁量权，地方各高级人民法院出台了量刑指导的实施细则，进一步明确了聋哑人犯罪可以从轻处罚的幅度，这些实施细则大多规定又聋又哑的人犯罪，可以减少基准刑的 40%以下；犯罪较轻的，可以减少基准刑的40%以上或者依法免除处罚。[③]也就是说，在中国，不管是立法还是司法，都认为聋哑人特殊主体是一个可以降低刑事责任、减轻处罚的量刑因素，且减轻的力度较大。这种法律规定主要是考虑到聋哑人由于身体上的残疾，特别是年幼就失聪、失语的聋哑人，社会化程

---

① 吴宗宪等:《非监禁刑研究》，中国人民公安大学出版社 2003 年版，第 382 页。

② 搜狐网:《监狱重犯逃了三回，每一道“门”都是如何失守的 》，https://www.sohu.com/a/258201749_617374，2018 年 10 月 8 日。

③ 可参见北京、江苏、浙江、安徽、河南、重庆、山东等地高级人民法院根据《最高人民法院关于常见犯罪的量刑指导意见》出台的实施细则。

度低于正常人，其在参与社会活动过程中会产生一定的障碍，甚至是思维、行动能力的减弱。因此，在追究其刑事责任的同时，根据具体情况决定从轻、减轻或者免予处罚，体现了刑事法律对残疾人的特殊关照和权利保护。但是，有研究表明，聋哑人犯罪可以从宽处罚这一法律规定，在司法实践中并没有得到法官的严格遵循。①

司法实践中，法官不可能不注意到这些特殊主体在定罪量刑中的特殊意义，但是具体到个案中，法官有选择性地遵循了聋哑被告人从轻、减轻处罚的原则：对罪行较重的“聋哑盲”被告人在量刑上从轻减轻会有明显体现，而对轻罪的“聋哑盲”被告人在量刑时与普通主体并无太大区别。②虽然每份涉及聋哑人的裁判文书中都明确写明“被告人某某某系又聋又哑的人，依法可以从轻或减轻处罚”，但是，从判决结果看不出对部分聋哑被告人明显从宽处罚。可见，法官在裁判时未忽视、遗漏这一法定从宽情节，只是在法律实践层面，该条件被法官选择性遵循。究其原因，主要有以下四点：一是“可以型”情节属于授权性规范。根据调整行为方式的不同，法律规则可以分为授权性规范和义务性规范。“应当型”规范是义务性规范，而“可以型”规范是授权性规范。我国刑法关于对“聋哑盲”这类特殊被告人从轻、减轻或者免除处罚就是属于授权性规范，法官对是否适用法律条文对聋哑人从宽处罚具有一定的自由裁量权；二是法官基于长期的审判经验而做出的选择。实践中，虽然“聋哑盲”特殊被告人所占比例相对较小，但再犯率较高。分析裁判文书发现，聋哑被告人再犯的比例较高，在42名聋哑被告人中，累犯或有前科的18人，占42.9%，远高于健全被告人的再犯比例。另外，“聋哑盲”特殊被告人由于生理受限，参与共同犯罪的比例更高，虽然共同犯罪并非法定的从重情节，但在司法实践中，共同犯罪、团伙犯罪往往危害性更大；三是沟通不畅。司法机关、律师与“聋哑盲”特殊犯罪嫌疑人的沟通，均依

① 胡昌明：《社会结构对法官裁判的影响：以1060个刑事判决为样本》，社会科学文献出版社2015年版，第62—63页。

② 胡昌明等：《法律实践与规范的背离：基于聋哑人犯罪从宽量刑的实证检验》，载《山东大学学报》（哲学社会科学版），2020年第2期，第30–39页。

赖于通晓聋、哑手语的人，但是一些专业的法律术语，如“回避”“取保候审”“认罪认罚从宽”“缓刑”等难以通过手语翻译，有时会缺漏甚至误导一些重要信息，导致聋哑犯罪嫌疑人的诉讼权利难以充分保障；[①]四是保障权益程序性规定的相反作用。为了保障“聋哑盲”特殊被告人而设置的程序性规定（不得适用简易和速裁程序），耗费了更长的刑事诉讼过程，因此对于其中犯轻罪的“聋哑盲”特殊被告人，由于审前羁押时间较长，到判决时已无再适用较短刑期或缓刑的空间和意义。基于上述原因，我国司法实践对“聋哑盲”特殊被告人可以从宽处罚制度执行得并不到位。

回到本书探讨的缓刑适用相关规定，我国刑法明文规定在满足相应条件下，应当宣告缓刑的是“不满十八周岁的人、怀孕的妇女和已满七十五周岁的人”这三类特殊主体，但没有将聋哑人、盲人或其他残疾人等特殊主体纳入应当适用缓刑的范围。因此在立法上，对这类特殊主体适用轻缓刑不是义务型规范，法官在判决时更多考虑的是量刑，而非缓刑这种执行方式，毕竟收监羁押最为稳妥。本书认为，缓刑适用考虑的核心是四个实质要件，在满足实质要件后，对于某些类型的特殊主体应当适用缓刑，并通过司法解释予以明确，“一般”应当适用缓刑，不能适用缓刑的，应书面说明理由。

另外，我们还应注意到，外地户籍罪犯这一群体的缓刑适用率普遍偏低。2020年《社区矫正法》颁布并实施后，对外地罪犯监管困难等类似情况可以得到缓解。“外地人”不属于法律意义上的特殊主体，不能在立法及司法解释中明文表述，只能通过司法判例引导法官更新司法理念，承担起司法责任。

（二）扩大缓刑适用的刑种范围

虽然大陆法系国家刑法在缓刑适用的刑种上基本达成了共识——短期自由刑，但对“短期”的期限规定则各有不同。其中，《德国刑法典》最为严格，一般只有被判处1年以下自由刑的人才能适用缓刑；《日本刑法典》规定，缓刑适用于被判处3年以下自由刑的犯罪人；《法国刑法典》则规定，把“短期”自由刑的范围扩大到5年；最为宽松的当属《朝鲜刑法典》，把缓刑适用

---

① 张永超等：《聋哑犯罪人刑事诉讼权利的保障》，载《人民检察》，2012年第23期。

的刑期范围扩大到5年以上；[①]在英美法系国家，普遍没有规定缓刑适用的刑种、刑期条件，尤其是缓刑实践经验丰富的美国，缓刑类型较多，如震慑缓刑、余刑缓刑均能广泛应用。

我国刑法规定，可以适用缓刑的刑种仅限于短期自由刑，包括两种：拘役和3年以下有期徒刑。但是，关于罚金刑能否适用缓刑的争论一直没有停止。否定说认为，罚金刑不能适用缓刑制度。理由是：1. 罚金刑缓刑无价值。缓刑制度的价值，是为了避免短期自由刑的弊端，而单处罚金的犯罪分子，不需要在监狱服刑，不存在交叉感染的情况，犯罪人回归社会也比较容易，没有必要适用缓刑；2. 罚金不能缓刑，只存在减免。法院对被告人判处罚金是基于案件情况（一般涉经济犯罪的罪名均有罚金刑）、危害大小、损失情况以及被告人的经济状况，根据“被告人的经济状况”可以减免或缓交，但不应是缓刑。换言之，经济状况才是权衡考量是否暂缓或免除罚金的因素；3. 罚金刑适用缓刑违背罪刑相适应原则。短期自由刑适用缓刑，将剥夺调整为限制，相对合理。罚金期适用缓刑，将剥夺财产权益调整为限制人身自由，有加重之嫌；4. 罚金刑适用缓刑浪费紧张的司法资源。罚金刑的执行简便高效，而如果对罚金刑适用缓刑，则还需要付诸大量人力、物力和财力进行社区矫正考察，且效果并不一定好。肯定说认为，应将罚金刑纳入缓刑适用范围，理由是：1. 刑罚理论上对罚金刑适用缓刑没有障碍。无论何种刑罚，其作用之一都是为了纠偏，防止再次犯罪。罚金刑相对于自由刑来说更轻，对更轻的刑罚适用缓刑是合理的；2. 罚金刑的刑罚效果存疑。对于经济状况好的犯罪分子来说，缴纳罚金不过是“破财免罚”的一种手段。对于经济状况差的犯罪分子来说，罚金会增加其巨大压力，有可能在长时间无法改善经济条件，过上正常生活。但是，如果对罚金刑适用缓刑制度，对被判处罚金的犯罪分子进行社区矫正，则可避免前述问题。经济状况好的犯罪分子不可能花钱了事，而是要积极参与改造。经济状况差的犯罪分子更是会尽全力表现，不再犯罪；3. 罚金刑有可能违反罪责自负原则。本应由犯罪分子本人自负的

---

① 左坚卫:《缓刑制度的理论与实务》，中国人民公安大学出版社2011年版。

刑事责任，大概率上是犯罪分子的近亲属在承担，司法实践中几乎全是犯罪分子的近亲属或亲朋好友代为缴纳罚金，其中有相当一部分罚金是他人的合法财产。为顾及和保障犯罪人及其近亲属正常的社会生活，考虑对犯罪人适用缓刑是必要的。①

本书赞同肯定说，在我国目前刑罚框架下，将罚金刑纳入缓刑制度范围是有必要且可行的。一是罚金刑处罚模式。世界各国立法有以下几种：单处罚金刑、并处罚金刑（包括可以并处或应当并处）、附科式罚金刑、易科式罚金刑以及复合式罚金刑这五大类别。我国刑法以并处罚金刑（包括可以并处或应当并处）为主，且适用范围不断扩大。既然罚金刑是依附于自由刑主刑存在的，那么，对自由刑主刑适用缓刑，对罚金刑也同样可以适用缓刑；二是罚金刑的执行模式。我国刑法第 53 条规定，“罚金在判决指定的期限内一次或者分期缴纳。期满不缴纳的，强制缴纳。对于不能全部缴纳罚金的，人民法院在任何时候发现被执行人有可以执行的财产，应当随时追缴。由于遭遇不能抗拒的灾祸等原因缴纳确实有困难的，经人民法院裁定，可以延期缴纳、酌情减少或者免除。”从法条可以看出，强制缴纳和随时追缴是罚金刑的常态。但事实上，我国的罚金刑适用率高与执行率低成为一对矛盾体：一方面是罚金具体数额难以科学界定，刑法条文和各地出台的量刑规范化意见都没有明确规定，也不可能针对所有罪名的罚金刑给出指导，法官的自由裁量权比较大；另一方面是罚金执行的难度大。很多犯罪分子处于社会底层，本就因经济状况极差才犯下经济等方面的罪行，很多罚金刑的判决相当于一纸空文，不能执行到位，反倒大大损害了法律和判决的威严。因此，将罚金刑纳入缓刑制度是符合刑法谦抑性、人道主义和公平主义的，也有积极的教育改善功能。

可以从三方面将罚金刑纳入缓刑制度：首先，要遵循缓刑的价值目标，罚金刑适用缓刑的前提亦需满足缓刑适用的实质要件；其次，重视罚金刑的独立地位。即使主刑没有适用缓刑，但如果法官从犯罪人的经济状况、悔罪表现、

---

① 徐宁:《论罚金刑缓刑制度构建》，湖南师范大学 2019 年硕士学位论文。

执行能力等方面考虑，也可以罚金刑单独适用缓刑，做好主刑执行与罚金刑缓刑的执行即可；最后，罚金刑的撤销也可参考自由刑缓刑的撤销制度。

三、缓刑适用和执行方式的创新

（一）充实禁止令的内容

我国的《刑法修正案（八）》中首次规定了禁止令，“判处管制，可以根据犯罪的情况，同时禁止犯罪分子在执行期间从事特定的活动、进入特定的场所、接触特定的人”“违反第二款禁止令规定的，由公安机关依照《中华人民共和国治安管理处罚法》的规定处罚”“宣告缓刑可以根据犯罪的情况，同时禁止犯罪分子在缓刑考验期内从事特定的活动、进入特定的区域场所、接触特定的人。”禁止令作为中国刑罚制度的创新，目前在性侵未成年人犯罪案件（禁止从事中小幼教育）、食品行业犯罪案件（禁止从事食品行业）、“老赖”案件（禁止高消费）较多，但并不普遍。总结起来就是人民法院对于被判处管制、宣告缓刑的犯罪分子，可以根据其犯罪事实、人格倾向、居住环境、工作经历等，禁止其在管制执行期间、缓刑考验期内“从事特定的活动、进入特定的区域场所、接触特定人”。

可见，禁止令适用于犯罪情节较轻、被判处拘役、管制或三年以下有期徒刑的犯罪分子。由于禁止令是授权性规范，一些法官对授权性规范的把握和适用不到位，认为仅遵守缓刑适用的相关规定即可，没有深入研究禁止令及其意义。本书认为，禁止令是对缓刑相关制度的必要补充，每个案件千差万别，为实现刑罚特殊预防的目的，应针对不同案件适用不同的禁止令，毕竟缓刑犯未被羁押，需要通过禁止令来达到特殊预防的目的。

（二）确立缓刑犯罪分子前科消灭制度

在我国，只要是受过刑事处罚的人（不论是否被判处缓刑），即有“前科”。不管罪行轻重、主观恶性大小、是否彻底悔改，均存在犯罪记录，而且终身不能消除——我国立法未明确规定“前科消灭制度”。不仅自己本身不再可能从事某些职业，而且还会直接影响其子女升学、当兵及就业等，可谓“一失足成千古恨”。被判处缓刑的犯罪分子，一般主观恶性不深、社会危害性不大，也比重刑犯更易重新融入社会，但因为有前科，还是会影响其今后的生活和工作。那么，对于被判处缓刑的犯罪分子，能否探索建立“前科消灭制度”呢？“前科消灭制度”最初源于法国，之后世界各国纷纷仿效。目前，日本、德国、瑞士、英国、澳大利亚等专门规定了“未成年人”前科消灭制度。①

随着司法理念的更新，我国也开始尝试在未成年人犯罪领域适用“前科消灭制度”。2003年年底，河北石家庄市长安区法院在全国首开先河，推出了“未成年人前科消灭”实施办法，规定未成年人因无知或一时冲动犯罪而被判刑，服刑完毕只要“考验期”内遵纪守法、认罪悔过，其犯罪档案就可以某种方式“消灭”；2007年，四川彭州法院启动《少年犯“前科消灭”试行方案》，为轻刑、缓刑、免予起诉的少年犯在痛改前非之后，撕掉“犯罪人”标签，使其在今后的就业、升学、生活上不受“前科”阴影拖累；2009年，山东乐陵市法院等11个部门联合下发文件，规定对处刑在三年以下有期徒刑、拘役、管制、单处罚金、免除刑罚的未成年人，在刑罚执行完毕后其前科自然消灭，若本人或其家人提出申请，可报批后发放《前科消灭证明书》。发放《前科消灭证明书》后，未成年人的前科归于消灭，视为未曾犯罪。另外，2009年3月25日，最高人民法院发布了《人民法院第三个五年改革纲要（2009—2013）》。《纲要》明确提出，法院系统要配合有关部门有条件地建立未成年人轻罪犯罪记录消灭制度。②虽然截至目前，未成年人前科消灭制度在我国尚未建立起来，但司法导向和立法倾向值得我们研究。适用缓刑的均为轻微罪行，实则已具备前科消灭可能性。下一步，我国立法有必要确立缓刑犯罪分子在满足一定条件下的“前科消灭制度”。

对愿意改过自新的犯罪分子而言，犯罪记录的消除等于消除了其真正回归社会的最后一道障碍，摆脱“罪犯”标签，也更有信心和勇气融入社会，被社会接纳。因此，消除犯罪记录的缓刑比保留犯罪记录的缓刑更加有利于特殊预防目的的实现，亦符合我国“宽严相济”的刑事政策。

---

① 赵建设：《国外未成年人前科消灭制度之简析》，载《铁道警官高等专科学校学报》，2010年第6期。

② 中国法院网：《建立未成年人轻罪前科消灭制度的构想－中国法院网(chinacourt.org)》，2009年11月11日。

（三）创新缓刑执行方式

缓刑的执行、考察是否科学、合理，直接关系到能否实现缓刑效果，创新缓刑执行方式有两种思路：

1. 增设新的开放式刑种

有的法官在判处犯罪分子缓刑时，会附加公益劳动、社区服务等，在社区矫正中让缓刑犯参加无偿的公益劳动则更加普遍。各地制定的社区矫正工作实施细则，也常将公益劳动、社区服务作为社区矫正的一项重要内容，并以此评估犯罪分子改造的成效。这样，中间出现了一个空白地带，即公益劳动、社区服务的属性是否可以理解为不剥夺自由的劳役刑？让缓刑犯无偿劳动，从根本上改变了缓刑的性质，缓刑变成了开放式、不剥夺自由的劳役刑，实质上创设了一个新的刑种。创设新刑种属于国家立法机关的权限，司法机关不应在实践中变通适用刑法。但是，本书是赞成法院判决的，这些属于缓刑执行的创新，只是司法机关不论以何种名义或者出于何种目的创设新刑种均不妥，应当尽快由国家立法机关通过立法，将无偿劳动作为独立的刑种，纳入刑罚体系中。

鉴于此，可以在实刑与缓刑之间增设新的开放式刑种，使刑罚量依次递减，直至缓刑，填补我国刑罚体系中实刑与缓刑之间之间的空档。

2. 增设缓刑负担

缓刑负担，是指在宣告缓刑时，给缓刑犯罪分子规定的类似于刑事制裁的义务，使缓刑具有一定的惩罚性，让缓刑犯罪分子虽未被实际执行刑罚也能深刻感受到被惩罚的痛苦。我国规定的“禁止令”有类似功能，但只是禁止了跟犯罪行为有关的某些权利，惩罚性不够。关于增设缓刑负担，可以参考借鉴德国关于缓刑负担的内容规定：（1）尽力补偿、赔偿其行为造成的损害。如果缓刑犯罪分子的经济能力较弱，则对其规定其他义务予以弥补；（2）公益性事务。可以视情况规定缓刑犯罪分子为公益事务支付钱款、从事公益服务等；（3）根据犯罪行为，要求缓刑犯罪分子从事某种活动。比如让交通肇事的犯罪人在医院重症监护室从事义务劳动等。这些缓刑负担，都需要规定时长、次数以及标准等。在缓刑期满时，结合其表现，综合评估再来决定

“原刑罚不再执行”还是“撤销缓刑”。当然，法院规定的“缓刑负担”应在一定范围内，需考虑到缓刑犯罪分子的犯罪行为及对缓刑负担的承受能力，不允许给被判决人规定不可期待的要求。缓刑负担的设定，应当遵循两个标准，其一是从缓刑适用对象的角度，不能强人所难；其次是从被害人的角度，不能在缓刑执行中使被害人的补偿利益遭受损失。对此，台湾学者林山田在其《刑罚学》一书中有如下总结：缓刑负担之设定，应能提供受缓刑之宣告者对其所为之不法有意赎罪的可能性，因此法官不得设置与此目的相反的负担；设定负担应当顾及相当性原则，即所设定与受缓刑宣告者的负担，在其种类与数量上应与犯行之刑事责任相当。①

虽然我国刑法没有规定缓刑负担，但法院在考虑缓刑适用和后期的社区矫正中，就相关的补偿、赔偿、赔礼道歉及社区服务等，有了类似的规定，只是相关规定的效力较低，且缺乏有力的惩罚措施，致使对缓刑负担的内容在执行上缺乏刑法依据，强制力及威慑力不足。不可否认的是缓刑负担有其重大价值，设置缓刑负担除了能够使缓刑适用更具有公正性，还可检验犯罪人是否真诚悔罪。凡真诚悔罪者，必定会努力完成缓刑负担。从罪刑均衡的角度讲，可以使缓刑人承担适当惩罚性的内容，降低缓刑与自由刑之间制裁强度的差距，从而使缓刑与自由刑在罪刑相当的角度上保持统一。另外，缓刑犯对于其缓刑负担的执行情况，可以作为教育矫正效果的参考和评估，以及反映出缓刑犯人身危险性程度。缓刑犯履行缓刑负担是否积极、到位，直接体现其对犯罪行为的认识程度以及改过自新的主观能动性程度。因此，我国刑法有必要增设缓刑负担的相关条款，这对于缓刑执行具有重大意义。

第二节　缓刑适用的程序保障

缓刑可以减少不必要的刑罚，避免短期自由刑的弊端，但同时保留执行刑罚的可能性，因而能够促使犯罪人改过自新。相比国外，我国缓刑适用率

① 林山田：《刑罚学》（修订版），（台湾）商务印书馆 1992 年版，第 217 页。

相当低，一方面是跟长期以来的重刑主义有关，另一方面是程序复杂。特别是司法实践中，为了限制法官的自由裁量权，保证司法公正，设置了很多缓刑适用程序，就如检察机关不捕不诉的案件为每年的重点检查案件一样，法院的缓刑案件也是重点关注案件。为了提高缓刑适用率，总体原则应是在强化缓刑适用监督的同时，尽可能地简化程序。

一、完善审前社会调查评估制度

审前社会调查评估制度起源于美国的缓刑资格调查制度，美国缓刑之父约翰·奥古斯塔斯应该可以视作首创者，由他调查并向法院出具的关于“酗酒闹事年轻人”相关情况的报告，即具备了审前社会调查评估的雏形。直到1930年，缓刑资格调查演变成为量刑依据的审前调查报告，从而形成了现代意义上的审前社会调查制度。

我国的社会调查评估制度最早运用于审理未成年人犯罪案件，直到2012年《刑事诉讼法》以法律的形式确立了未成年人审前社会调查制度。这一制度给社区矫正工作带来了启发，江苏、湖北、安徽、浙江等地对审前社会调查评估制度进行了探索和实践。2012年，最高人民法院、最高人民检察院、公安部、司法部联合印发了《社区矫正实施办法》，该办法规定了人民法院、人民检察院、公安机关、监狱作为拟适用社区矫正的主体，可以委托县级司法行政机关进行调查评估，受委托的司法行政机关对被告人或者罪犯的居所情况、家庭和社会关系、一贯表现、犯罪行为的后果和影响、居住地村（居）民委员会和被害人意见、拟禁止的事项等进行调查了解，形成评估意见，及时提交委托机关。这标志着我国社区矫正审前社会调查评估制度的正式确立。2020年7月1日正式施行的《社区矫正法》规定，社区矫正决定机关（指法院、监狱管理机关和公安机关）根据需要，可以委托社区矫正机构或者有关社会组织对被告人或者罪犯的社会危险性、对所居住社区的影响等，进行调查评估，提出意见，供社区矫正决定机关参考。本书结合司法实践，建议可以从以下三个方面完善审前社会调查评估制度：

（一）启动主体可以适当扩大

2012年两高两部联合印发的《社区矫正实施办法》规定，审前社会调查评估的启动主体为人民法院、人民检察院、公安机关、监狱，但2020年7月1日正式施行的《社区矫正法》将检察院从启动主体中去掉，那么，针对缓刑适用的审前社会调查评估而言，启动主体实质上只剩下一个——法院。由于拟宣告缓刑的均为轻微刑事案件，审理程序多为简易或速裁，让法院在极短的时间内完成阅卷、提审、合议庭或审委会讨论、法律文书、审批以及审前社会调查等工作，是不现实的。启动主体的单一性造成了工作效率低、缓刑适用率低等结果，这并不符合司法实践。

本书认为，启动主体可将检察机关、律师纳入其中，理由如下：1.检察机关正在开展认罪认罚从宽工作，在提出量刑建议的同时，如果认为可以适用缓刑的，有责任启动社会调查活动来论证量刑的合法合理性，并给法院参考。如上海浦东新区检察院调研后发现，由于启动调查的主体单一、审前调查时间短、调查报告缺乏法律效力等因素，导致审前调查质量不高和适用缓刑后实际执行效果欠佳的情况时有发生，该院与法院、司法局协商，主动承担起审前社会调查工作，对可能适用缓刑的被告人，由人民检察院在审查起诉阶段启动调查，并作为量刑建议材料提交给人民法院；① 2.辩护律师作为被告人权利的捍卫者，更有义务和意愿主动启动社会调查工作，将书面材料提交给检察机关或法院，供司法机关参考，这项工作也能大大提高司法工作效率；3.法院一般情况下不宜作为启动审前社会调查的主体。因为法院启动审前社会调查，容易先入为主、未审先定。法院自行开展社会调查，与法院的中立、被动和证据裁判规则产生冲突。②但是，如果检察机关在起诉时没有建议缓刑，法官在综合评估后认为可以适用缓刑或者出现了新的事实或证据，在这种情况下，由法院主导和启动审前社会调查更为适宜。

（二）调查程序规范、调查内容严谨

一是从启动调查评估程序开始，每个环节“留痕”。启动主体要将需要

---

① 蔡顺国：《上海浦东：创新社区矫正监督方式对接新规》，《检察日报》2012年9月6日。

② 杨百胜：《法院的调查取证权应当取消》，载《湖北大学成人教育学院学报》，2008第6期。

调查的内容逐条并有针对性地列出清单，防止千篇一律的格式化文书，既要有共性调查问题，更需要有个性调查内容；二是具体负责调查的人员应专业化，至少应具备基本的法律、社会和心理知识等；三是制定统一、规范的调查评估文书。如目录、法律文书、证明材料、社区或被害人意见等，在统一格式的基础上，突出反映案件和被告人的个性特点。

（三）设置合理的时限

目前立法对审前社会调查评估制度规定过粗，在实践中经常出现审前社会调查报告滞后于法院判决结果的情况，使得审前调查评估存在“走过场”的嫌疑。2020 年 7 月实施的《社区矫正法》第 18 条规定了审前社会调查评估制度，但仍没有明确评估的具体时限。我国《社区矫正法实施办法》《刑事诉讼法》等法律法规中也没有规定审前社会调查评估的具体时限，仅部分省市的地方性文件规定“普通案件的调查评估时限一般情况下为 10 个工作日”，但对最长时限的规定略有不同，四川省为 15 天，福建省为 13 天，广西壮族自治区为 20 天。为节约诉讼成本，法院 90% 以上判处缓刑、管制等非监禁刑案件都是适用简易程序、速裁程序。以广西为例，适用简易程序审理的案件调查评估时间为 7 天，最长可延长 2 天，但简易程序的案件审限仅有 20 天，因此真正能在审理时限内向法院提交调查评估报告的案件数量极少。某些省份的调查显示，由于调查时间和审判时限冲突，造成判决前未收到社区矫正机构回复的案件约占 40%。[①]调查时间与审查时限冲突的原因主要是各机关之间衔接机制不畅、基层人力物力不足、人少案多等。

审前社会调查程序不能无限期地拖延，应与刑诉法关于审限的规定结合起来，在规定时间内完成相关报告，防止出现调查评估报告尚未完成而法院已做出判决的实践困境。

1. 加强社区矫正机构人、财、物保障

在人力上，提高社区矫正机构工作人员的责任意识和专业素质。借鉴美国法院缓刑官、日本家庭法院调查官的任用方式，对审前调查人员严格选拔，

① 宋立宵：《审前调查评估时限与案件审限冲突的原因及解决》，河南司法警官职业学院学报，2020 年 9 月。

强化专业技能培训。重要岗位需引进法学、心理学、管理学或者社会学等专业人才；在财力上，对于条件艰苦、偏远地区的社区矫正机构人员，提高工资待遇、给予评功授奖等，增强对年轻人的岗位吸引力，实行工作轮岗制度，激发基层工作积极性；在物力上，物力保障须以社区矫正机构的独立性为前提，可借鉴英国的国家缓刑局及其地方分支机构负责社区矫正风险评估的做法，进一步细分社区矫正机构内部的科室，使各级司法所的“社区矫正中心”作为社区矫正机构的法定符号固定下来；

2. 加强公、检、法、司之间的衔接配合

通过大数据技术的适用，搭建信息共享平台，第一时间将需要进行调查的人员和事项送达至社区矫正机构。实行一体化的网络管理，各部门共享数据信息、互通有无，一方面有助于减少无效的重复工作，提高各自的工作效率，解决因司法资源不足而造成的审前社会调查评估时限与案件审限的冲突；另一方面实现公、检、法、司之间的无缝对接和协同管理，加快案件在侦查、审查起诉、审判阶段的流转，利用大数据共享平台实时跟踪案件的进展状况，准确把握启动社会调查评估的时间节点，避免出现公、检、法、司工作衔接不顺畅导致的审前调查时限与案件审限冲突。

二、建立缓刑听证制度

听证最早源于英美法系，是指有权机关在作出影响利害关系人利益的决定前必须听取利害关系人的意见。听证制度从类型上分为立法听证、司法听证和行政听证。“任何一种听证形式，必须包括正当程序的核心内容：当事人有得到通知及辩护的权利，是否具备这两种权利是区别公正程序与不公正程序的分水岭。”[①] 有研究者认为，美国审前听证公开对我国刑事案件审前听证公开有重大的借鉴意义，我国应当增加刑事案件审前听证的法定种类、扩大范围、赋予听证当事人救济权、允许媒体旁听和采访。[②]

我国的审前听证程序，主要有以下特点：1. 公开听证的主动权在司法机

① 王名扬：《美国行政法》，中国法制出版社 1995 年版，第 410 页。
② 高一飞：《美国刑事审前听证程序公开及对我国的借鉴意义》，载《比较法研究》，2017 年第 1 期。

关，不是当事人依申请的权利；2. 公开的种类、方式、范围并不明确；3. 公开听证并非必经程序，如庭前会议；4. 一般不会对当事人权利有实质影响，但是对于法院开展的再审听证、检察机关的不起诉听证、羁押必要性审查听证和刑事申诉听证，关系到公民的直接利益。目前在我国听证程序运用得较多的是检察机关，主要种类有不起诉听证、羁押必要性审查听证、刑事申诉听证等。但是，检察机关的公开听证很少对社会公众完全公开，而是选取人民监督员、人大代表、政协委员或者有关单位人员等作为代表，在一定范围内的公开。2012 年我国修改《刑事诉讼法》，在法院正式审判程序之前增加了庭前会议制度①，属于广义上的、由法院展开的审前听证程序，也仅限于一定范围内的公开。事实上，我国的审判公开，在公开的渠道、方式、内容、技术手段等方面，在世界上已经处于一个比较先进的水平。②但是，目前在法院审判阶段推广听证程序，特别是面向社会公众的公开听证暂时难以做到。

缓刑是一种将罪犯放在社会上改造的刑罚执行制度，直接关系到被告人是否会被羁押。能否取得刑罚的预期效果，与公众的支持、配合特别是被告人所在社区、工作单位的接纳程度密切相关。缓刑的适用不能只有法官的裁量权而无社会或公众的参与权，在决定适用缓刑前，充分听取社会各方意见，保证社会公众对缓刑适用的知情权和参与权，使缓刑建立在一定的民意基础上，能使缓刑适用取得事半功倍的效果。2003 年 6 月，杭州市萧山区人民法院在审理一起非法拘禁案件时，对被告人王某采用了缓刑听证，这也是全国法院系统首次探索缓刑听证制度。开庭前一天，承办法官到王某户籍所在地某农场，请来农场有关领导、社区负责人、邻居及原单位负责人举行听证会。经过听证，承办法官初步认为，王某符合缓刑条件。开庭审理后，法院认为被告人王某的辩解与查明的事实相符，以非法拘禁罪判处其有期徒刑 8 个月，缓刑 1 年。不过，尽管司法实践作了有益尝试，也引起了社会关注，但立法

① 我国《刑事诉讼法》第 187 条规定："在开庭以前，审判人员可以召集公诉人、当事人和辩护人、诉讼代理人，对回避、出庭证人名单、非法证据排除等与审判相关的问题，了解情况，听取意见。"

② 搜狐网：《最高法：中国审判流程公开处于世界先进水平》http://news.sohu.com/20141113/n406011175.shtml，2014 年 11 月 13 日。

并未跟进。

本书认为，《刑法修正案（八）》“宣告缓刑对所居住社区没有重大不良社会影响”将这一标准纳入缓刑适用实质要件，表明司法机关要听取社会公众特别是被告人所居住社区对适用缓刑的意见。除了社会调查评估制度，公开听证是一条最直接、最直观的途径。法院可以邀请侦查或调查机关、检察机关、辩护人、被告人所在社区代表、辖区公安民警、被告人所在单位代表等参加，听取他们的意见和建议，再决定是否对被告人适用缓刑。通过缓刑听证制度，让检察机关、被害人、被告人及其辩护律师在一个公开、透明的环境下表达看法，法官充分听取各方意见，形成听证报告，作为研判“对所居住社区有无重大影响”的重要参考。法院可以从缓刑适用这一直接关系到被告人权益的事项着手，在缓刑适用上开展公开听证，一步步再扩大到其他事项听证。

第三节　缓刑适用与执行的司法实践

一、缓刑适用的司法实践

（一）更新司法工作人员的刑罚理念

我国缓刑适用率整体是偏低的。美国学者通过对青少年和成年人缓刑的研究，得出了如下结论：1. 目前监禁的犯人中有很大一部分可以执行缓刑，而重犯率不会因此而上升。2. 适用缓刑的初犯再犯率比假释犯要低得多。但是，如果缓刑犯有过一次或者两次前科，两者间则没有什么差别。在美国，缓刑“是使用最广的司法处理方法，也是减少累犯的最有效手段之一。”[①] 由此可见，缓刑能够发挥特殊预防的效果。正因为如此，缓刑在国外的适用率相当高。缓刑作为特殊预防的一种刑罚执行方式，更有利于教育、改造和挽救犯罪分子，让他们在社会上进行改造，这是刑法的一种宽容。我国司法实

① 张明楷：《应当提高缓刑的适用率》，中华人民共和国最高人民检察院 (spp.gov.cn)，2015 年 6 月 4 日。

践中缓刑适用率一直较低，法院之所以不敢、不愿适用缓刑，跟裁判者缓刑适用的意识淡化、我国传统重刑思想、社会舆论左右司法实践等均有关系。

1. 司法工作人员适用缓刑的意识淡化

这主要是实体和程序两方面因素造成，一是难以把握缓刑适用的实质要件，二是适用程序复杂。缓刑适用的四个实质要件从字面意义上看，非常抽象和概念化，且缓刑适用是“可以”而不是“应当”。司法工作人员无法确定适用或不适用缓刑时，对他们来说，不适用缓刑是最保险的状态。特别是在司法责任制的背景下，也造成了司法工作人员不敢大胆适用缓刑，以免适用缓刑出问题后被追责。另外，为了防止法官自由裁量权过大和滋生腐败，司法机关通过内部的制约和监督机制，对适用缓刑的案件，往往都是重点评查对象。这些机制在一定程度上的确防止了部分有问题的案件被从宽处理，但也致使部分本可以适用缓刑的被告人被收监执行刑罚。

2. 我国传统重刑思想影响深远

古代“乱世重典”的社会治理需要、“诸法合一”的刑法功能越位、“维护统治”的刑法工具观念等共同塑造了我国传统的重刑观念。要破除根深蒂固的重刑理念非一朝一夕之事，但刑罚的功能不是限制和隔离，犯罪分子终究要回归社会，我们在对其量刑的时候，还要考虑到预防和接纳。司法工作者作为法律的实施者，先要改变执法理念，从量刑上倡导刑罚轻缓化、保障人权。我们在“该严则严”方面一直践行得比较到位，而对“该宽则宽”则或多或少打了折扣。

3. 社会舆论左右司法实践

近年来，随着网络的发展，人们参与社会生活的意识日益高涨，尤其是医疗、教育和司法等这些切实关系民生、公平、公正的领域，民众的参与热情特别高。对监督和促进司法机关执法水平的确起了正面作用，但同时也是“双刃剑”，汹涌的民意有时也会影响司法工作人员的裁决。民众往往是从自己掌握的信息量、主观心态、生活经验以及有限的法律常识来判断，与司法工作人员的专业、客观相左。虽然司法工作人员是在法律范围内判处缓刑，但在被害人和有些民众的认识中，缓刑等于“无罪”。因此在有些情形下，法官考虑到舆论影响，不敢判处被告人缓刑。

为进一步提高司法工作人员缓刑适用的意识和能力，需要从以下四个方面予以改进：一是提高缓刑适用的意识。司法工作人员首先要把握好量刑"宽""严"的标准，认识到适用缓刑不是放纵犯罪，而是更好地实现特殊预防的价值，保障人权。要摒弃不良的司法习惯，如担心被害人闹事而不敢适用缓刑、没有全部赔偿或交纳罚金就不能适用缓刑等。此外，法官受重刑主义的思想影响较深，在实践中秉着"不出事"原则，羁押是最省事的一种方案，往往不太愿意对犯罪分子适用缓刑，导致羁押成为原则，非监禁刑成为例外。事实上，在社会日益复杂的今天，以重刑来抑制犯罪已不是良策。鉴于缓刑制度的人性化与谦抑性日益受到世界各国的重视，裁判者应与时俱进，逐步提高缓刑适用率。换言之，从缓刑制度的价值和社会和谐角度出发，在司法实践中应当鼓励裁判者敢于适用缓刑，提高缓刑的适用率，让符合条件的犯罪分子适用缓刑常规化；二是提升缓刑适用的能力。在司法责任制背景下，司法工作人员对案件终身负责，倒逼他们主动提高司法能力，观念和意识的更新会带来能力的提升。可以通过案例指导、调研座谈等形式，将研究成果传递给一线法官，让司法工作者自觉放下落后的重刑主义思想，树立适用缓刑的信心，更具体地把握缓刑适用的标准；三是积极发挥法官的"自由裁量权"。无论是解释法律，还是将法律适用于真实的案件，都离不开法官的自由裁量权。法律只规定一般情况，可以说是为实现"一般正义"服务的，而现实的纠纷却千差万别、极富个性，法律难免照顾不周。如果说实现个案的公正是"个别正义"的话，法官就应该在"一般正义"的基础上力求"个别正义"的实现。英美法系法律的重要渊源是判例法，法官拥有较大的自由裁量权，即法官在判决具体案件，特别是疑难复杂案件时，可以依据自己对法律的适用和理解作出具体判决，如果法官发现案件无先例可参照时，他有权创设新的先例。虽然我国是成文法国家，要求法官"以事实为依据，以法律为准绳"办案，严格限制法官的自由裁量权。但事实上的"法官造法"，无论在英美法系还是大陆法系都广泛地存在着，就如本书中所列举的案例，有的是开先河之缓刑判决，也达到了政治效果、社会效果和法律效果的统一，可以说是在“一般正义”的基础上实现了“个别正义”；四是通过绩效考核来引导。除了司法理念、裁判能力和自由裁量权的提升外，绩效考核是最直接有效的“指挥棒”。司法机关将缓刑建议率、缓刑适用率作为考核检察官、法官业绩的内容之一，督促司法人员不仅要积极主动适用缓刑，而且要保证缓刑适用的效果。当然，前提是犯罪嫌疑人或被告人符合缓刑适用的条件。

（二）畅通缓刑适用的程序

1. 简化内部审批程序

许多法院规定缓刑要经过庭长或者分管院长甚至审判委员会决定。有些地区的法院为了防止对职务犯罪案件适用缓刑过宽、过多，规定此类犯罪适用缓刑必须报上级法院或者省法院审批。这在一定程度和范围内可以防止独任审判员或者合议庭擅断，提高缓刑适用的质量。但是，这种做法的局限性也是非常明显，庭长、主管院长把关并不能杜绝关系案、人情案，也不能改变缓刑适用的随意性，用这种行政管理色彩浓厚的方式平衡量刑，削弱了审判员、合议庭独立量刑的权力。把所有缓刑案件都提交审判委员会讨论不符合法律规定，审委会的职责是讨论重大疑难案件，如果适用缓刑不属于该类案件，则不应当提交审委会讨论。提交审委会讨论一定程度上限制了适用缓刑的力度，增加诉讼成本，降低司法效率。

在司法责任制的背景下，法官、检察官对案件终身负责，且司法系统为了肃清司法环境，保障司法公正而时时开展的教育整顿、常态化的“三个规定”等[①]，这些制度让司法工作者不敢也不愿违法办案。因此，很多内部审批程序看似严格，却并无太大作用，反而起到重复劳动的负面效果，法官在繁重办案、结案压力的情况下，不愿意通过层层审批而主动适用缓刑，直接判处实刑是最迅速的一种结案方式。如果能将缓刑适用权限扩大为检察官权限、法官权限，让检察官、法官自己决定，那么缓刑适用率必将大大提高。对于

① 注：2015年，中办国办、中央政法委、“两高三部”为贯彻落实十八届四中全会决定，先后印发《领导干部干预司法活动、插手具体案件处理的记录、通报和责任追究规定》《司法机关内部人员过问案件的记录和责任追究规定》《关于进一步规范司法人员与当事人、律师、特殊关系人、中介组织接触交往行为的若干规定》，严禁领导干部插手干预司法，司法机关内部人员过问案件，司法人员与当事人、律师等不当接触交往，如有违反规定的，司法人员都要主动记录报告，并进行通报和责任追究，统称“三个规定”。

简易程序审理的案件，符合判处缓刑条件的，承办人可直接判处缓刑，不必走过多的请示汇报程序；对于普通程序审理的案件，如果案情复杂，在案件定性、证据运用和适用法律上，合议庭人员意见分歧较大，案件审理有一定难度，能否适用缓刑难于把握，那么可以提请审判委员会讨论。提请审判委员会讨论不是缓刑适用的特别程序，而是案件本身的特点符合相关规定。另外，被告人同时具有“可以适用缓刑”和“一般不宜适用缓刑”情形，合议庭或独任审判员认为可以适用缓刑的，应报庭长或主管院长批准；被告人具有“一般不宜适用缓刑”情形，合议庭或独任审判员认为确有必要适用缓刑的，应报审判委员会讨论决定。

2. 把缓刑问题纳入法庭调查

由公诉机关和律师就是否符合缓刑条件进行举证和辩论，法院居中裁判。认罪认罚从宽制度被写入刑事诉讼法后，检察机关承担的不仅是指控犯罪的职责，还需要提出量刑建议。我国刑事诉讼法第 176 条规定，“犯罪嫌疑人认罪认罚的，人民检察院应当就主刑、附加刑、是否适用缓刑等提出量刑建议，并随案移送认罪认罚具结书等材料。”可见，检察机关在适用认罪认罚从宽制度时，对符合缓刑制度形式要件的被告人，应当就是否适用缓刑提出建议。如果检察机关认为可以适用缓刑，那么在法庭中对量刑证据举证即可；如果检察机关没有提出缓刑的建议，被告人和辩护律师认为可以适用缓刑的，也可以就该情况进行举证。

3. 将被告人的人身危险性调查和评估委托给专业的社会机构来承担

有些法院试行社会调查员制度，即在法院的推动下，成立由共青团、妇联、工会、教师、政法系统的退休人员和未成年人保护组织的工作人员共同组成的志愿者队伍。法院在判决前，委托这一组织的人员对受刑人员的家庭情况、社会交往、成长经历以及犯罪前后的表现等等进行调查，并向法院提交调查报告。社会调查员不是诉讼参与人，但需对调查报告负责。判决缓刑后，社会调查员还继续承担对缓刑人员的帮教、监督考察，及时将有关情况反馈给司法机关。2020 年 7 月，《社区矫正法》正式实施后，则由社区矫正机构提供被告人一贯表现等情况。法院可以将符合缓刑适用形式要件的被告人，交由社区矫正机构进行调查评估，社区矫正机构可以自行也可以委托专业的社会机构对被告人进行全面调查，形成调查报告后交由法院，由法官评判能否适用缓刑。这些做法可以在程序上防止缓刑适用的随意性，保证审判人员对被告人的人身危险性作出准确的判断，对于准确适用缓刑具有重要的现实意义。特别是尝试把被告人人身危险性评估交给专业的社会机构承担，并且与判决后的帮教工作紧密结合起来，可以极大提高缓刑适用的质量，应当给予充分的肯定，缓刑制度改革应该朝这个方向进行广泛深入的探索。

（三）量刑规范化

司法人员更新理念固然重要，但量刑规范化才能保证司法人员善用自由裁量权。对大部分被告人而言，他们更注重的是量刑而不是定罪，但在司法实践中，地区差异、法院差异、法官差异等导致的“同案不同判”情况时常被民众诟病。

2008年，量刑规范化改革作为中央确定的重要司法改革内容之一，在全国部分法院开展试点工作。这是我国刑事司法领域最早启动的重大改革项目之一，也是新中国刑事法制发展史上具有重要意义的一件大事。10余年间，量刑规范化改革从最初的部分法院试点，到后来在全国法院试行及正式开展；从针对5个常见多发罪名，增至23个罪名；从针对有期徒刑试行，到后来的有期徒刑、拘役、罚金刑和缓刑，不仅有效回应了社会关切，而且对转变我国传统刑事司法理念，推进规范化量刑，统一法律适用，促进量刑公平正义等均产生深远影响。[①]但遗憾的是，还有相当部分的罪名没有量刑规范化指导意见。对于此类案件，司法人员只能参照有量刑规范化指导意见的其他类似罪名提出量刑建议或判决，但这也涉及量刑是否会扩大解释的问题。

本书认为，司法机关可以从以下三个方面推进量刑规范化：一是专职机构指导量刑规范化改革。世界上很多国家都在探索量刑科学化和规范化，且设立了量刑改革委员会来统一协调量刑改革发展。如美国国会于1984年通过《量刑改革法案》（The Sentencing Reform Act，以下简称《量刑法案》），并创设由

① 李玉萍：《量刑规范化 十年磨一剑》，中国法院网，2018年10月16日，https://www.chinacourt.org/article/detail/2018/10/id/3528956.shtml。

司法部门及两党法律专家组成的量刑委员会（The Sentencing Commission）作为指导美国量刑改革的专职机构。[①] 我国可以借鉴这一经验，在最高人民法院设立类似机构，机构可由各刑事审判庭经验丰富的资深法官牵头，吸纳检察官、法学教授和专职律师等共同组成，具体职业比例和工作资质按照实际情况确定。毕竟，量刑规范化体系的建立是一项庞大而系统的工程，需要有专门的机构指导；二是强化量刑规范的释法说理工作。司法人员将大量的精力花在定罪的事实认定和证据采纳上面，在量刑上的投入较少，如何计算得出的刑期往往具有模糊性。量刑规范化改革要求司法人员加强量刑的释法说理工作，这也是提高司法产品质量和司法公信力的应有之义。在这个过程中，司法人员才会更加秉持审慎量刑的态度，充分运用事实判断和价值判断。毕竟，每一步量刑结论的得出都如同定罪一样，要有确实、充分的法律依据；三是扩大量刑参与范围。在英美法系国家，控方的量刑建议很大程度上是建立在控辩双方的“辩诉交易”[②] 上的，而双方达成的答辩协议可以直接被法院认可。这种审前达成的认罪量刑协议，对于法官内心确信起到重要作用，而且事先对被告人进行量刑承诺，可以稳定其有罪答辩，保障整个诉讼程序能够更顺利、快速地进行。我国司法机关目前正在大力推行的认罪认罚从宽制度，指犯罪嫌疑人、被告人自愿如实供述自己的犯罪，对检察机关指控的犯罪事实没有异议，同意检察机关提出的量刑意见并签署具结书的一种制度。该制度虽然是以检察机关为主导，但吸纳律师和犯罪嫌疑人、被告人参与其中，其对刑期的意见也是非常重要的。另外，司法机关还可以探索适当听取被害人意见。绝大多数刑事案件均是公诉案件，由国家代表被害人追诉，被害人的角色和话语权是较弱化的。在提出量刑建议或确定量刑时，适当听取被害人意见，能够更有效地修复被破坏的社会关系。不过，从境外的量刑程序经验来看，虽然部分国家建立了被害人参与制度，但参与程度比较浅。如在美国，“辩诉交易”协议达成后，会通知被

---

① 美国量刑委员会由 9 名成员组成，其中，委员会主席经总统提名和参议院选举产生，至多 4 名归属同一党派，至少 3 名曾任职联邦法官。

② 辩诉交易（plea bargain），是美国的一项司法制度，指在法官开庭审理之前，处于控诉一方的检察官和代表被告人的辩护律师进行协商，以检察官撤销指控、降格指控或要求法官从轻判处刑罚为条件，换取被告人的认罪答辩（plea of Guilty）。

害人并征求其意见，被害人有权反对。法庭亦允许被害人在法庭上发表反对意见，但这些都不影响法官独立裁判。①

二、缓刑执行的司法实践

如何评估缓刑适用的效果，关键在于缓刑执行方式。长期以来，法院不愿对被告人适用缓刑的原因之一就在于缓刑的执行主体、方式、效果等均不如人意。如若判处缓刑，相当于把犯罪分子随意放在社会上，是否起到改造效果无从评判，甚至因执行不到位，常出现缓刑犯罪分子不知所踪的情况。比如笔者因工作需要，寻找一名被判处缓刑的犯罪分子作为证人取证，因该犯罪分子系外来人口，便到其租住地查找，发现人去楼空。通过向作出缓刑判决的法院了解缓刑执行情况，得知缓刑执行通知书已送至其租住地公安局。其后，笔者通过该公安局了解到，对该缓刑犯的考察系由租住地派出所负责，而派出所的管片民警则一脸无奈表示，案件是 10 月判决的，执行文书 11 月才送到他手里。管片民警立即去缓刑犯租住地了解情况，才得知该缓刑犯被判决后未再回来，这说明缓刑执行中是存在一定漏洞的。2020 年 7 月开始实施《社区矫正法》，首次以立法形式规范缓刑犯等人员的执行主体、内容和方式等。当然，法律的出台不能解决一切问题，还需在司法实践中的配合与探索，本书认为，应从以下方面强化缓刑的执行。

（一）社区矫正机构独立化

如果说能否适用缓刑是司法工作人员的责任，那么缓刑适用效果是否良好则取决和依赖于社区矫正机构。基于社会调查工作和社区矫正工作的专业性，必然要求建立专业的调查队伍，而队伍建设依附于机构存在和发展。因此，应通过加强社区矫正机构的建设和发展，逐步推动社区矫正工作队伍全面发展。

1. 从机构上进行独立

队伍建设依附于机构，没有权威的机构，专业的队伍建设无从谈起。当

---

① 〔美〕柏恩敬:《“交易”还是“协议”——一个美国检察官眼中的辩诉交易》，李哲、李萍译，载《法学》，2008 年第 7 期。

前最终执行社区矫正工作的是基层司法所，暂且不谈执法权问题，有些地方的司法所仅有几个工作人员，却要承担司法所的九大工作职能①，社区矫正工作只是其中一项，质效难以保证。2020 年 7 月《社区矫正法》实施以来，各地翘首以待，希望借助法律实施的契机，把机构真正建立起来，真正实现专业的人干专业的事情，解决长期以来被诟病的社区矫正“形式主义”问题。但随着各地社区矫正机构相继落地，却发现很多都是“挂牌”机构，三五个并不专业的兼职工作人员，加上临时招聘的社会人员，与我们实际需要的社区矫正机构有一定差距。如果社区矫正机关的人员结构不专业、不合理，势必无法履行法律所赋予的职责，缓刑执行的效果也不可能较好地实现。

社区矫正机构的设立不是为了设立而设立，不能成为贯彻落实社区矫正法的“花瓶”之作，其本质是为了有效执行法律赋予的职责而成立的主体，应成为直属于司法局的独立二级单位，某种意义上应类似司法厅与监狱管理局关系，而非司法局与内设科室的关系。社区矫正机构应该是与其职责相适应的独立机构，而非形式意义上的名称，否则法律上的社区矫正机构便失去了意义。

当然，我国的《社区矫正法》也有不足，如第 9 条规定，“县级以上地方人民政府根据需要设置社区矫正机构，负责社区矫正工作的具体实施。”这里是授权性规范，而非义务型规范。根据《社区矫正法释义》，如此规定原因之一就是考虑到全国社区矫正对象人数不均衡，各地情况差异大。立法者的确考虑到了司法实践，但规定没有考虑到这两个问题：一是各地的重视程度。法律根据需要“可以设立”，而非“应该设立”，为各地推动机构的成立埋下一个硬伤，毕竟在机构、编制人员受到严格控制的背景下，各地政府对没有法律硬性规定、没有上级文件明确要求的事情，是没有现实动力的。各地政府要成立独立机构、增加人员编制是难上加难，部分地方不得不“委曲求全”地挂牌了之；二是与现有法律规定不一致。根据《刑事诉讼法》第 269 条的规定，“对被判处管制、宣告缓刑、假释或者暂予监外执行的罪犯，依法实行

① 注：司法所九大工作职能即调解工作、社区矫正、安置帮教、法律服务、法制宣传、基层依法治理、协助基层政府处理社会矛盾纠纷、参与社会治安综合治理、完成上级交办的维稳工作等。

社区矫正，由社区矫正机构负责执行。”但《社区矫正法》规定的却是地方人民政府根据需要设立社区矫正机构，不是“必须设立”。党的十八届三中全会提出要全面依法治国，其中一个重要方面就是执法主体合法，既然《刑事诉讼法》规定四类对象的执法主体是社区矫正机构，如果机构不成立，就谈不上执法主体的合法性了。

因此，无论是自上而下设置独立的社区矫正机构，还是依附于司法行政机关设置独立的科室或大队，都应当从其他工作中分离出来，保证社区矫正工作专人专管，独立履行职能。如武汉市社区矫正管理局属于武汉市司法局直属正处级机构，是实质成立的机构，负有“全市社区矫正、安置帮教法律法规和政策的执行工作、对全市社区服刑人员的刑罚执行、管理、教育和帮扶工作进行监督管理、指导各区开展社区矫正、安置帮教社会工作和志愿服务”等七大职责。①另外，作为一项刑事执行工作，应具有一定的严肃性。内部的包括执法程序相对统一，不能“一地一政策”“一地一做法”，在微观执法层面应统一；外部方面，包括社区矫正机构的名称、人员配比、执法证件的统一等。

2. 加强经费保障

如果经费得不到保障，社区矫正工作就成了“无源之水”“无本之木”。关于社区矫正的经费保障问题，2012 年财政部、司法部出台了《关于进一步加强社区矫正经费工作的意见》，意见明确规定，各地应将社区矫正经费列入同级财政预算予以保障；应统筹社区矫正和司法行政其他基层业务经费保障，通过进一步加大对司法业务经费的投入，提高社区矫正经费保障水平。2020 年 7 月实施的《社区矫正法》第 6 条规定，“各级人民政府应当将社区矫正经费列入本级政府预算。居民委员会、村民委员会和其他社会组织依法协助社区矫正机构开展工作所需的经费应当按照规定列入社区矫正机构本级政府预算。”尽管引入社区矫正有降低成本之说，但要较好地完成社区矫正工作，实现其根本目的，离不开经费的大力保障。政府行政机关应设置社区矫正专

① 武汉市司法局：武汉市社区矫正工作管理局工作职责，http://sfj.wuhan.gov.cn/zfxxgk/fdzdgknr/jgjj/zsdw/202009/t20200904_1444173.shtml，2020 年 11 月 29 日。

项经费，建立双向统筹账户，用于监督管理、学习教育、公益劳动等日常管理支出，以及对社区服刑人员的矫正帮扶。

（二）社区矫正人员正规化、专业化、职业化

习近平总书记强调，人才是第一资源，创新是第一动力。任何制度，强起来靠创新，创新靠人才。社区矫正制度虽然不是新生事物，但由于长期的不被重视和司法现实情况，该制度并没有真正发挥作用。2020 年 7 月实施的《社区矫正法》规定了社区矫正机构应当配备具有法律等专业知识的专门国家工作人员，根据需要组织具有法律、教育、心理、社会工作等专业知识或者实践经验的社会工作者开展社区矫正相关工作，同时还鼓励、支持企业事业单位、社会组织、志愿者等社会力量依法参与社区矫正工作。立法层面规范了社区矫正机构工作人员的人员构成，并规定“社区矫正机构工作人员和其他参与社区矫正工作的人员依法开展社区矫正工作，受法律保护。”

1. 专业人员配置

首先，应保证社区矫正工作人员的专业化水平。在招录人员时应充分把好入口关，提高准入门槛，招录具有法学、心理学、调查与统计、管理学等学历背景以及具有相关工作经验的人员；其次，应建立司法义工制度。在地市级建立义工总站或中心，吸纳各行各业人员，建立社区矫正义工库，向不同职能部门指派输送不同的专业人才，改善社区矫正机构人员专业化程度不足的状况；再次，整合本土优势资源，建立专业人才数据库，引入人民调查员制度，可邀请和聘用具有一定素养和能力的人员，补充到队伍中来。

2. 加大培训力度

提高社区矫正工作人员的理论水平、业务素质和实际操作能力，保证社区矫正工作的专业化和职业化。培训应该包括以下几点：一是组织各级司法所进行全面系统的学习，重点突出社区矫正工作的意义、司法部门承担的职责、开展社区矫正工作所应注意的问题，增强司法所工作人员做好此项工作的责任感和紧迫感；二是对已经从事社区矫正工作的人员进行专题培训。针对暴露出来的问题，采取以会代训、专题研讨和经验交流各种形式，组织社区矫正工作人员培训学习，及时调整工作方法上的偏差，改善工作措施上的

疏失，确保试点工作有序发展；三是对社区矫正志愿者的专业培训，如相关法律法规、矫正对象的心理特征、教育方法等；四是国家和各级地方政府应当根据社区矫正工作的状况和发展趋势，通过增加编制，招录、选聘专业人员充实到社区矫正机构，提高基层人员的整体素质；五是建立社区矫正队伍奖惩机制，充分调动社区矫正工作人员的积极性。

（三）执行衔接的规范化

司法实践中，法院在缓刑判决后的交付执行一般仅限于送达执行文书，而不负责监督执行是否落实到位。在文书送达与执行落实存在“空档期”，这个“空档期”内，缓刑犯常常疏于监管，甚至出现在执行文书送达时，执行机关已经找不到缓刑犯的情况，导致缓刑无法及时执行。

1. 严格执行强制措施的规定

2021 年最高人民法院关于适用《中华人民共和国刑事诉讼法》的解释第 170 条规定，“第一审人民法院判处管制、宣告缓刑、单独适用附加刑，判决尚未发生法律效力，但被告人被逮捕的，人民法院应当立即释放；必要时，可以依法变更强制措施。”这里存在两个问题，一是判处缓刑时，被告人已被逮捕处于羁押状态时，采取何种强制措施。笔者认为，应在从判决宣告之日起，对被告人采取取保候审强制措施。因为无论被告人是否上诉，一审法院已判处其缓刑，缓刑的后果必然是不被羁押，那么必须变更强制措施，最合理的当属取保候审。同理，缓刑考验期限开始计算的当日解除取保候审强制措施，与缓刑执行无缝对接；二是判处缓刑时，被告人处于取保候审状态，采取何种强制措施。这一情况下继续适用取保候审强制措施即可，解除时间亦与前一种情况一致。

2. 建立执行补救机制

2021 年最高人民法院关于适用《中华人民共和国刑事诉讼法》的解释第 519 条规定了法院应当告知罪犯到执行地社区矫正机构报到的时限、不按期报到的后果，以及法院送达相关文书的时限、送达对象，相较之前的空白、模糊规定，有了很大的进步。该规定与 2020 年 7 月实施的《社区矫正法》也做到了衔接一致，但没有明确不按期报到的后果，建议对缓刑犯未按期报到，并经社区矫正机构催促三次以上的，可以提请法院依法撤销缓刑。

3. 建立考察联动机制

被判处缓刑的犯罪分子，因特殊原因如治病、打工、照料无人看管的老人小孩等需外出，经过执行机关批准后，如何在异地的社区矫正机构继续矫正和执行缓刑，这也是我们面临的一大难题。《社区矫正法》第 22 条规定，“社区矫正人员离开所居住的市、县或者迁居，应当报经社区矫正机构批准；需要变更社区矫正执行地的，社区矫正机构应当在征询新执行地社区矫正机构意见后作出决定。社区矫正机构决定变更执行地的，应当将变更执行地决定抄送人民法院、人民检察院、公安机关和新执行地的社区矫正机构；新执行地社区矫正机构应当将有关法律文书抄送当地人民法院、人民检察院和公安机关。”该条款对缓刑犯外出后，在异地如何进行矫正的程序作出了原则性的规定，是执行程序上的一大进步，但没有对异地的社区矫正机构如何处理作出后续的规定。如异地的社区矫正机构认为当地不具备接收条件，不同意接收缓刑犯时，原执行地的社区矫正机构是否就不能批准缓刑犯外出；异地社区矫正机构接收缓刑犯后如何继续考察，是否需要对考察过程和结果做好记录，待缓刑犯离开时或缓刑考验期满时移交资料给缓刑犯原执行地的社区矫正机构等，均未明确说明。

（四）执行监督的常态化

首先，需要明确监督制度的前提：一是明确执行机关的监管责任，因为没有责任则谈不上监督；二是要明确监督机关具有必要的责任追究权力，以确保监督的实际效力。

其次，要建立定期通报制度和特别通报制度。定期通报是指社区矫正机构应定期将犯罪分子在缓刑期间的表现情况通报给宣告缓刑的法院和当地检察院，通过上述材料，法院可以评估缓刑适用的效果，以及判断是否应撤销缓刑。检察机关可以对缓刑适用实行法律监督，确保社区矫正规范合法；特别通报是指社区矫正机构发现缓刑犯失控或者严重违反规定的，应当立即通报法院和检察院，以便采取果断措施确保缓刑的执行或者撤销，检察机关实时法律监督。

最后，要运用科技手段促进监督。有条件的地方还可以建立公安、法院、检察院互联的刑罚（包括缓刑）执行信息专线网络，逐步实现全国联网，用现代科技来更加及时、有效地执行监督。

结　语

结　语

缓刑最早起源于英美法系，英美现代缓刑制度的诞生是被称为“现代缓刑之父”奥古斯塔斯等一批先行者努力的结果，英美法系的缓刑制度从 19 世纪发展至今，已比较完善和成熟。大陆法系缓刑制度虽然确立较晚，但发展迅速。中国在吸纳两大法系缓刑制度先进经验的基础上，结合我国国情予以立法实施。我国的缓刑制度在短短几十年时间里，正逐步从不规范走向规范，越来越为人们所接受。缓刑具有特殊预防功能与一般预防功能，同时也是对正义原则的践行，有助于正义的实现，符合刑事处遇的发展趋势。但是，理论上的正当不等于实践中的有效，我国缓刑制度及适用将会面临相当多的问题，在缓刑执行和效果评估方面也是在探索中前行。本书对上述问题的研究，希望能对司法实践有所裨益。